GMO · MSG · 설탕 · 소금 · 탄수화물
알고 먹는 먹거리 과학

천천히읽는책_과학 5 **알고 먹는 먹거리 과학**

글 김기명 | 그림 오은진

펴낸날 2022년 1월 21일 초판 1쇄
펴낸이 김남호 | 펴낸곳 현북스
출판등록일 2010년 11월 11일 | 제313-2010-333호
주소 07207 서울시 영등포구 양평로 157, 투웨니퍼스트밸리 801호
전화 02) 3141-7277 | 팩스 02) 3141-7278
홈페이지 http://www.hyunbooks.co.kr | 인스타그램 hyunbooks
ISBN 979-11-5741-291-4 73570

편집 전은남 | 책임편집 류성희 | 디자인 박세정 | 마케팅 송유근 함지숙
글 ⓒ 김기명 2022

이 책은 저작권법에 의하여 보호를 받는 저작물이므로 무단 전재 및 복제를 금지하며,
이 책 내용의 전부 또는 일부를 이용하려면 반드시 저작권자와 현북스의 허락을 받아야 합니다.

⚠주의 종이에 베이거나 긁히지 않도록 조심하세요. 책 모서리가 날카로우니 던지거나 떨어뜨리지 마세요.

GMO·MSG·설탕·소금·탄수화물

알고 먹는 먹거리 과학

김기명 글

머리말

무엇보다도 중요한 먹거리,
꼼꼼하게 따져 보고 먹어야지요

늦둥이 딸 덕분에 일상이 갈등의 연속입니다. 눈 뜨자마자 옷, 전화에서 시작해 식탁으로 이어지고, 가방 메고 나갈 때까지 사사건건 사춘기 딸의 구박은 끊임이 없지요. 대부분 딸이 이끄는 쪽으로 정리되는 편이지만, 그래도 끝까지 밀리고 싶지 않은 부분은 바로 먹거리입니다. 그게 이 글의 시작이에요.

로제떡볶이나 마라떡볶이를 찾는 딸에게 신토불이를 내세우는 건 아니에요. 편의점의 간편식에다 밀키트란 낯선 표현까지 이어지는 식생활의 변화는 한 번쯤은 살펴야 할 부분이란 거지요.

모든 인류의 일상은 먹는 게 우선이잖아요. 그러니 생각 없이 쓰는 '의식주'란 말도 굳이 앞뒤를 따져야 한다면 '식의주'가 옳다는 주장도 있지요. 속담에서조차 '먹고 죽은 귀신'에 '태산보다 높은 보릿고개'를 찾을 수 있어요. 괜히 깔보고 싶으면 강원도 사람을 감자바

위라고 하거나 경상도 사람을 보리문둥이라고 하는 등 음식을 동원하기도 하잖아요.

먹거리의 한계와 부족 탓에 어쩔 수 없는 보릿고개를 겪으며 엉클 샘이 손가락질하는 미국의 원조품 전지분유로 점심을 때운 기억도 있는 아빠예요. 하지만 TV는 당연하고 넷플릭스와 유튜브까지 먹방이 앞선 순위를 차지하는 상황에 익숙한 게 딸의 시기입니다. 앞다퉈 요리 관련 프로그램을 기획하고, 요리 관계자들도 예능인의 자리를 분명하게 차지했으니까요. 게다가 온라인의 장소 검색에선 맛집이 우선되는 상황이잖아요.

이렇게 먹는 게 재미나는 세상입니다. 흥미가 만족을 달고 나오는 말이 '재미나다'나 '재미있다'지요. 바탕에 즐거움을 두고 있는 말인데, 하나 더 알고 나면 좀 더 재미날 거예요. 이 말을 만든 게 바로 음식이에요. 시작은 자미(滋味), 영양소를 뜻하는 자양분의 자(滋)와 맛 미(味)입니다. 풀어보면 좋은 맛이나 영양이 풍부한 음식이 재미네요.

딴 거 없이 '밥심'이 기본이던 세대와 '먹는 재미'가 우선인 지금의 차이를 살피며 풀었지요.

이런 기회를 준 딸과 글을 살펴준 편집진에 감사하며…….

김기명

차례

프롤로그
| 안전한 먹거리를 찾아서 8

1부 지엠오(GMO) : 유전자 변형 식품
말도 많고 탈도 많은 지엠오(GMO) 14
지엠오(GMO), 어떻게 만들어졌나 26
지엠오(GMO), 얼마나 사용하나 36
지엠오(GMO), 찬성 vs. 반대? 41

2부 엠에스지(MSG) : 화학조미료
새로 찾아낸 맛, 엠에스지(MSG) 58
엠에스지(MSG), 어떻게 만들어졌나 64
엠에스지(MSG), 얼마나 사용하나 71
엠에스지(MSG), 찬성 vs. 반대? 76

3부 설탕 : 단맛의 대표
언제부터 먹기 시작했을까 88
설탕, 어떻게 만들어질까 94

설탕, 뭐가 문제일까 102

설탕, 찬성 vs. 반대? 108

설탕 대신 뭘 먹어야 할까 116

소금 : 음식 맛의 기본, 짠맛

가장 소중한 미네랄, 소금 126

소금, 어떻게 만들어졌을까 136

음식을 저장, 보관하고 간도 맞추고 142

소금, 찬성 vs. 반대? 147

탄수화물 : 쌀과 밀가루

탄수화물이란 무엇일까 152

탄수화물, 무엇이 문제일까 161

탄수화물이 가져오는 병 168

에필로그

무엇을, 어떻게 먹어야 할까? 178

프롤로그
안전한 먹거리를 찾아서

인류가 살아남으려 준비한 감각, 미각

지금으로부터 200~300만 년 전쯤, 현생 인류의 조상인 유인원들은 밀림의 나무 위에서 생활하며 나무 열매나 잎, 작은 벌레들을 먹고 살았습니다. 그러다가 느닷없는 기후 변화로 밀림이 사라지면서 별수 없이 관목이 덮인 낯선 사바나의 초원으로 내려오고, 먹고 사는 데 어려움을 맞이하지요.

두 발로 서서 사방을 둘러보아도 먹을 게 별로 없는 땅바닥, 배고픔을 견디지 못한 유인원들은 이제 도구를 준비하고 짐승 사냥을 시작합니다. 그래서 고기가 포함된 육식이 시작되고, 불을 이용해 익힌 음식도 먹게 됩니다. 익힌 음식은 날음식보다 소화가 잘되기 때문에 그만큼 소화에 쓰는 에너지를 뇌에 쓸 수 있게 되었습니다. 그 덕에 인간의 뇌는 용량이 늘어나고, 비로소 현생 인류인 호모 사피엔스에 이르게 됩니다. 지금으로부터 80

신석기시대 이후 인류는 정착 생활을 시작하면서 농경과 가축 사육으로 먹거리를 준비하게 되었다.

만 년 전 일입니다.

그러나 정착 생활이 시작된 건 빙하기가 끝난 1만여 년 전, 신석기시대 이후부터이지요. 정착 생활을 시작하면서 인류는 농경과 가축 사육으로 먹거리를 준비합니다.

인류가 살아남으려면 제대로 된 음식이 필요했습니다. 최소한 당장 눈앞에 놓인 것을 먹어도 되는지 판별하는 게 우선이었지

인류는 이제 단순히 생존에 필요한 안정성에 더하여 건강까지 염두에 두고 음식 재료를 고르게 되었다. (사진·위키피디아)

요. 목숨이 걸린 일이니까요. 혀를 통한 미각이 그걸 판단하게 됩니다. 이처럼 미각은 인류가 살아남기 위해 자연선택을 통해 준비한 감각입니다.

시간이 흐르면서 살아남기 위해 그때그때 상황에 맞춰 준비하던 먹거리에서 담을 그릇까지 마련하고 요리 과정도 추가됩니다. 이제 인류는 생존에 필요한 음식의 안전성에서 더 나아가 건강까지 염두에 두게 되지요. 진화 과정에서 이렇게 미각은 발달하고, 식생활 문화를 만드는 수준으로까지 발전하였습니다.

알면 병, 모르는 게 약?

지금은 일상 음식도 지역 구분 없이 어디든 비슷한 재료를 쓰고 있습니다. 음식 재료의 세계화입니다.

그래도 느닷없이 등장한 음식 재료라면 당연히 의심하며 다가가게 됩니다. 곡식이든 고기든 안전과 건강을 살펴야 하는 게 우선이니까요. 이처럼 낯선 음식이 식탁 위에 오르면 의심부터 하는 게 당연하지만, 가끔은 잘 모르는 내 탓이지 하며 거부감 대신 '모르는 게 약'이라고 넘길 때도 있지요. 제대로 알고 먹으면 병이 되는 걸까요?

요즘은 음식 재료부터 온갖 조리 방법까지 인터넷이나 유튜브 같은 다양한 매체를 동원해 찾아보는 게 우선입니다. 재료가 준비되면 실시간의 조리법으로 이어져, 먹기도 전에 그걸 내세우며 자랑하기도 하잖아요. 여행도 박물관이나 유적지 중심에서 '맛집' 위주로 대체된 상황입니다.

이처럼 최근 먹거리와 조리법에 관한 관심이 갑자기 늘어난 이유는 무엇일까요? 먹거리에 대한 막연한 불안감이 먼저 떠오릅니다. 식품의 보관이나 저장, 조리 기술은 분명하게 발전했습니다. 그런데도 먹거리의 기본인 음식 재료에 대한 불신은 점점 늘어나잖아요. 옛날에는 없던 인간의 손길이 만든 새로운 먹거리까지 등장했습니다.

과학 기술의 발달이 음식에도 적용되는 시대입니다. 유전자 변형 식품(GMO), 화학조미료(MSG), 글루탐산, 사카린, 스테비오사이드, 글루텐……. 과학 기술의 발전과 함께 음식 관련 재료에도 낯선 용어들이 잔뜩 등장합니다. 이런 용어들을 살펴보니 인간의 즐거움 중의 하나인 먹는 기쁨을 무작정 만끽할 수는 없을 것 같습니다. 적어도 먹는 것만큼은 '모르는 게 약'이 아니겠지요. '아는 게 병'이라 하더라도 내가 먹는 것에 관하여 잘 알아보는 게 무엇보다 필요합니다.

늘 같은 식탁이지만 새로운 게 한없이 담겨 오르는 음식 접시, 이걸 찬찬히 살피면서 식품의 안전성을 따져 보려 합니다. 물론 세계화된 음식 재료라도 지역이나 인종에 따른 먹거리 차이와 그 속에서 발달해 온 각각의 음식 문화는 인정하는 게 기본이겠지요.

1부

지엠오(GMO)
유전자 변형 식품

지엠오(GMO)에 반대하는 사람들이 대표적인 GMO 기업 몬산토에 항의하는 포스터를 들고 있다. (사진·픽사베이)

말도 많고 탈도 많은 지엠오(GMO)

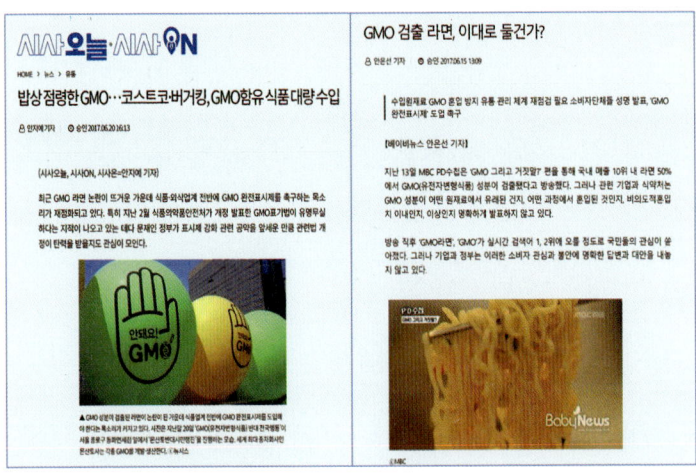

밥상 점령한 GMO
(시사오늘 안지* 기자 2017.6.20)

GMO 검출 라면, 이대로 둘 건가?
(베이비뉴스 안*선 기자 2017.6.15)

GMO가 먹는 거야?

현생 인류의 역사 50만 년 가운데에서 지엠오(GMO) 음식물이 함께한 건 50년도 채 안 됩니다. 식물처럼 광합성을 할 수 있다면 모를까, 만물의 영장이란 인간도 먹는 걸 대신할 방법은 아직 찾지 못했습니다. 먹는 것에 관심이 가장 많은 게 인간인데 많은 음식물 중 안전성을 따져 볼 첫 주자는 역사가 채 50년도 안 되는 GMO입니다.

늘 접하는 김치, 치즈도 아닌 난데없는 GMO? 앞의 뉴스에 나온 것처럼 밥상을 점령하고, 라면 속에도 들어 있다면 분명히 먹는 거잖아요. 점령이니 검출이니 하는 뉴스 제목이 호감보다는 부정적인 표현이란 건 기자이니 당연히 알겠지요. 그럼 GMO가 좋은 게 아니라는 건가요?

인터넷을 검색해 보면 식생활과 관계되어 여기저기서 마구 나오는 말이 GMO입니다. 생각이 달라서인지 각자 자기 의견을 거침없이 제시하는 게 더 문제네요. 아는 게 없으면 오히려 더 혼란한 상황을 만드는 게 온라인 속의 GMO입니다.

GMO의 뜻을 살펴보니

GMO는 영어 'Genetically Modified Organism'의 줄임말입니다. 유기체 곧 생명체를 뜻하는 'Organism'에

그걸 꾸며 주는 'Modify'는 수정이나 개조를 의미하고, 'Genetic'은 발생이나 유전을 의미하니, GMO란 곧 '발생 과정에서 수정이나 개조된 생명체'란 뜻입니다. 어, 이렇게 보니 어딘가 생명 창조와도 비슷하네요. 그런 생명체가 식탁을 점령했다니 처음부터 알쏭달쏭합니다.

사전의 설명은 '유전자 변형 생물'이네요. 백과사전에는 '어떤 종에서 선택한 유전자를 다른 종에 삽입해 만들어진 유기체'라고 나옵니다. 가끔 보고 들었던 '유전자 조

농장에서 재배하는 지엠오(GMO) 옥수수. GMO는 어떤 종에서 선택한 유전자를 다른 종에 삽입해 만들어진 생명체를 말한다. (사진·위키피디아)

작'이 떠오르네요. 조작이라고 하면 부정적인 느낌이 강할 수도 있으니, 여기에서는 조금 중립적인 단어인 변형이란 말로 다가가 보겠습니다.

유전자 변형 생물은 유전 공학의 발달에서 비롯됩니다. 생명체의 유전 정보를 확인한 후 필요한 유전자를 찾아내 그걸 다른 종에 끼워 넣는 기술이지요. 그렇게 세상에 나온 새로운 유기체를 통틀어 부르는 말이 GMO입니다.

먹거리를 찾아 산전수전 다 겪던 수렵·채집 생활의 인류는 빙하기 이후 한곳에 머물며 먹을 걸 마련합니다. 준비 과정이 재배와 사육이니 당연히 이웃과 결과가 비교됩니다. 점점 더 욕심이 생기며 비교적 괜찮은 농작물이나 가축을 준비해, 어떡하든 더 나은 수확을 원하지요. 그런 바람 속에 좀 더 가치가 높은 작물, 가축을 찾아 '육종'으로 이어집니다.

인간의 한없는 욕심과 과학의 발달은 그걸 부채질합니다. 같은 종끼리 진행되는 고전적인 육종에서 한계를 확인하니 다른 생명체까지 동원한 거지요. 필요한 유전자를 다른 종에서 찾아내 전혀 다른 형질을 만드니 조작이란 말까지 등장합니다.

감자와 토마토가 한 개체에서 함께 자라는 '포마토' 같은 식물을 GMO로 오해하는 경우도 있습니다. 이런 포마토나 무·배추가 한 몸에 있는 '무추' 같은 식물은 세포 융합이나 접붙이기 방법으로 융합합니다. 분명하게 다른 두 종의 인공적인 결합이지만, 유전자 변형이나 재조합이 기본인 GMO와는 구별해야 합니다.

유전자가 인간에 의해 재조합, 변형된 GMO 생명체에는 부모에게서 받지 않은 또 다른 유전자가 존재하지요. 토마토에서 시작돼 콩과 옥수수, 유채에도 적용되면서 등장한

접붙이기 방법으로 감자와 토마토가 한 개체에서 자라게 한 포마토. (사진·위키피디아)

게 유전자 변형 농작물이고, 이것이 요리가 되어 몸속으로 들어가면 유전자 변형 음식물입니다.

유전자 변형, 재조합, 조작?

GMO의 한글 표현에서 혼란이 시작됩니다. 기관이나 상황에 따라 부르는 이름이 차이가 생겨 '변형', '재조합', '조작'이란 말이 함께 쓰이고 있지요. 음식 관련 법령에서는 변형, 재조합을 쓰는데, 시민 단체와 일반인들은 조작으로 표현하는 편입니다. 안 좋다는 생각을 강조하기 위해서겠지요.

식품 관련 정부 기관에서는 GMO를 '식량 증산, 영양 성분의 개선, 저장성 향상 및 병충해 내성 향상 등을 위하여 생물 공학 기법으로 처리한 생물체로부터 유래한 식품'으로 규정합니다. 조작이란 말이 끼어들 자리가 없으니 부정적인 느낌은 아예 없지요.

우리나라에서는 아직 이 유전자 변형 식자재를 직접 재배하거나 생산하지 않습니다. 그런데도 이렇게 GMO를 살필 수밖에 없는 이유는 분명해요. 종의 연구는 계속되고 있어 언제든지 재배가 가능하고, 무엇보다 GMO 식자재의 최대 수입 국가 중 하나로 우리나라가 지목되고 있습니다.

꼬인 사다리, 디엔에이(DNA)

변형, 재조합, 조작의 대상이 바로 유전자입니다. '콩 심은 데 콩 나고, 팥 심은 데 팥 난다'는 게 유전이잖아요. 모든 생물은 부모의 형질이 딸, 아들에게 그대로 전해집니다. 식물이든 동물이든 겉모습만 보고도 이름을 기억할 수 있는 이유이지요. 모양, 크기나 성질처럼 유기체가 갖는 고유한 특징, 그게 바로 유전 형질입니다.

유기 생명체들은 자기들만의 특정 단백질로 유전자를 준비해, 자신을 스스로 나타내는 유전 형질을 갖습니다. 특정 단백질을 준비해 구성하는 과정이 디엔에이(DNA)의 역할입니다. DNA 없이는 GMO도 불가능하지요. 맨눈으로 확인도 안 되는 작디작은 세포 속에 DNA와 염색체가 자리 잡아 유전 형질을 갖춘 생명체가 시작됩니다.

부모는 같아도 형제, 자매 사이에도 작은 차이가 있지요. 바로 유전 물질의 차이 때문입니다. 같은 콩물로 순두부, 연두부, 단단한 모두부도 만들잖아요. 단지 누르는 세기에 따라 두부에 포함된 물의 양이 달라져서 생긴 차이이지만, 유기체에서 전달되는 유전 물질은 형제자매를 구분하게 합니다.

남매의 성별 차이는 염색체에서 나타나지요. 23쌍의 인간 염색체 중 한 쌍의 차이가 남·여를 나눕니다. 이렇게 염색체가 포함된 유전 물질의 차이로 나타나는 변화를 살피면서 유전자 변형을 알아봅시다.

DNA는 유전자를 이루는 화학 물질의 집합체입니다. 다양한 유전 형질이지만 그걸 유지하는 건 당과 인산에 결합한 A(아데닌), T(티민), G(구아닌), C(시토신) 네 종류 염기의 쌍이 다입니다. 아직 미처 확인하지 못한 부분도 있지만, 유전자 코드의 기본은 이 네 물질의 조합입니다.

1953년에 생물학자인 왓슨과 크릭은 유전자 저장고인 DNA의 구조 모형을 1쪽짜리 논문으로 발표합니다. 두 사

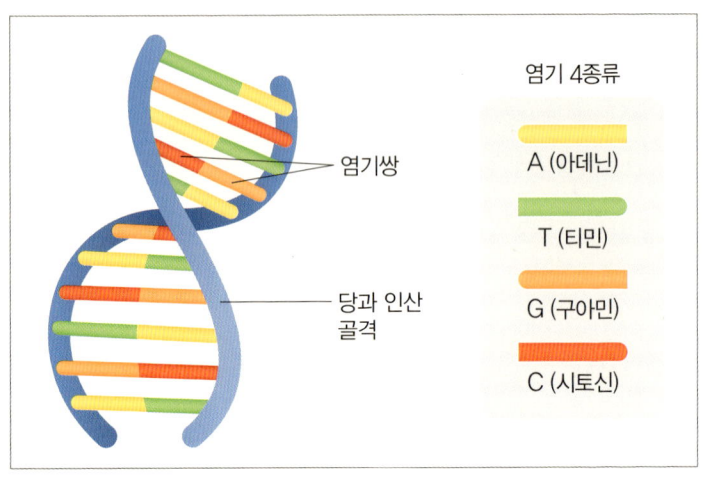

꼬인 사다리처럼 생긴 디엔에이(DNA)의 이중 나선 구조. 네 가지 염기인 A, T, G, C 가운데 하나씩 결합한 염기쌍에 따라 유전자 코드가 결정된다.

람은 이 논문에서 DNA가 '이중 나선 구조'를 하고 있다고 밝힙니다. DNA의 꼬인 사다리처럼 생긴 구조를 밝힌 두 사람은 1962년 노벨 생리의학상을 받았습니다. DNA는 양옆의 버팀목인 당과 인산, 그리고 사다리의 발판을 책임지는 염기쌍이 전부입니다. 유전자 코드 결정은 A, T, G, C 네 개가 전부입니다. 인산과 당에 달라붙은 염기 네 개가 대단한 유전을 책임진다는 게 신기하지요.

DNA 안에 후손에게 물려줄 기본 형질에 대한 정보를

DNA의 이중 나선 구조를 밝힌 생물학자 왓슨(왼쪽)과 크릭(오른쪽). 이 공로로 1962년 노벨 생리의학상을 받았다. (사진·위키피디아)

담는 유전자가 있습니다. 그런데 이 DNA의 사다리에도 인간의 손길이 접근하며 유전자 변형이 시작됩니다. 생명체의 유전 형질에 인간들이 끼어든 거예요. 인공적으로 다른 유기체가 갖는 특별한 유전자를 택해 바꿔치기하는 게 유전자 변형입니다. 당연히 생물체 고유의 유전 정보도 변하겠지요.

  1973년 미국의 생화학자 스탠리 코헨은 DNA를 잘라내 유전자를 변형하는 기술을 찾아냅니다. 한 생명체의 DNA

를 잘라낼 수 있는 유전자 가위 덕분이지요. 이름 탓에 자르는 가위를 떠올릴 수도 있지만, 이건 단백질 효소입니다. 유전자 가위와 함께 풀도 개발했습니다. 유기 생명체의 DNA 속에서 특정 기능을 갖는 유전자를 찾아서 잘라내고, 다른 생명체에 끼워 붙일 수 있게 된 것입니다.

유전자가 변형되면 생물이 원래 갖고 있던 것과는 다른 형질이 준비됩니다. 과학 기술이 발달하면서 이제는 생물을 조작 아니 변형할 수 있는 수준까지 왔지요. 스탠리 코헨도 당연히 1986년 노벨 생리의학상을 받았지만, 그가 발견한 것은 단지 바이러스의 능력을 커닝한 겁니다.

스스로 증식할 수 있는 능력이 없어 숙주를 택하는 반생명체 바이러스 중에서 좀 특별한 게 박테리오파지입니다. 박테리오파지가 택하는 증식 숙주는 세균인 박테리아예요. 스파이크로 박테리아에 달라붙은 박테리오파지는 자신의 DNA를 박테리아에 끼워 넣으며 증식합니다. 둘 사이에 유전자 교환이 가능한 상황입니다. 박테리아가 증식하려고 단백질을 합성할 때 박테리오파지는 그 안에 자

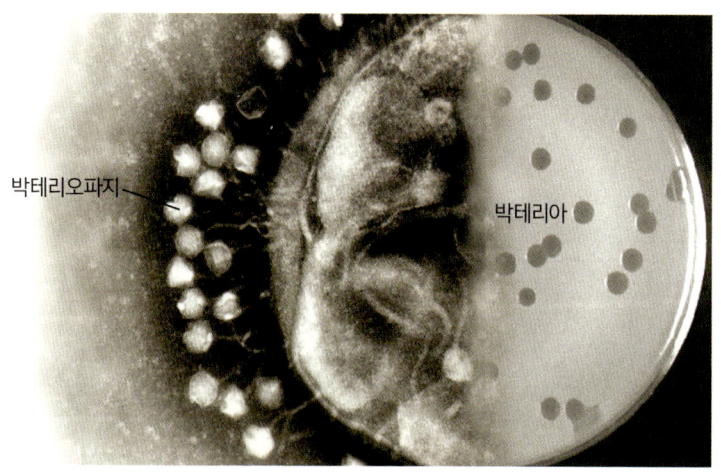

숙주인 박테리아에 달라붙은 박테리오파지. 자신의 DNA를 박테리아에 끼워 넣어 증식한다. (사진·위키피디아)

기 유전자를 끼워 넣어요. 박테리아가 번식할 때 박테리오파지도 함께 번식합니다. 생화학자들이 이걸 흉내 낸 게 바로 유전자 변형입니다.

물론 바이러스처럼 그렇게 단순한 과정은 아닙니다. 원하는 형질을 포함하고 있는 특정 유전자를 유전자 가위가 되는 효소로 잘라내서 다른 생명체에 옮겨 끼워 넣어야 원하는 형질이 나타날 수 있게 됩니다.

지엠오(GMO), 어떻게 만들어졌나

GMO는 농약에서 시작되었다?

유전 공학이 이렇게 새로운 길을 만드니 그걸 이용하는 산업이 생겨납니다. 먼저 시작된 건 농작물의 유전자 변형입니다. 처음 관심을 가진 기업은 미국의 농약 제조업체인 몬산토입니다. 전 세계에 농약을 판매하면서 각 나라에서 개발된 농작물 씨앗도 사들여, 종묘를 포함한 농업 전반을 주도하는 세계적인 기업이지요. 유전자 변형 식물 종자의 90% 이상을 갖고 있는 몬산토는 최근 아스피린으로 유명한 독일의 제약 회사 바이엘에 인수돼, 세계 농업을 뒤흔들 가능성이 더 높아진 상태입니다.

베트남 전쟁 기간 미군은 정글을 제거하기 위해 엄청난 양의 고엽제를 뿌려댔다. 이 고엽제의 영향으로 많은 사람들이 지금까지 고통을 겪고 있다. (사진·위키피디아)

 농작물의 유전자 변형 연구는 농약에서 비롯됐습니다. 베트남 전쟁 중 울창한 정글 탓에 피해를 본 미군은 고엽제를 개발하지요. 고엽제는 식물이 흡수하면 잎사귀가 마르며 죽게 만드는 농약입니다. 몬산토는 이 고엽제 연구에 함께 참여합니다. 고엽제는 베트남 전쟁 중 10여 년 동안 미군이 정글을 제거하는 데 사용했지요. 고엽제에 포함된 다이옥신이란 물질 탓에 베트남 사람들과 파병 한국군을 포함한 군인들이 엄청난 피해를 겪었고, 그 후손들까지 지금도 고통을 당하고 있습니다. 인체에 악영향을 준 것으로 비난받은 고엽제는 지금은 '라운드업(Roundup)'이란 이름의 제초제가 대신하고 있습니다.

몬산토는 고엽제가 뿌려져 사라져 가는 정글에서 살아남은 미생물에 주목했습니다. 고엽제를 버텨낸 미생물의 유전자를 연구해, 제초제에서 살아남을 수 있는 농작물의 가능성을 찾게 되지요. 생존한 미생물의 유전자를 잘라내서 농작물 DNA에 붙여 유전자 변형을 시도합니다. 정글을 파괴한 고엽제가 GMO 농작물의 출발점이 된 거지요.

겉모습은 그대로지만 형질이 달라진, 사실상 새로운 종의 등장이에요. 단순하게 보면 종의 변이이지만, 생태계 입장에서는 일종의 파괴입니다. 한없이 유지된 자연계의 질서를 유전자 변형 과정을 통해 깨뜨렸으니까요.

콩 심은 데 팥 난다?

종의 변이는 자연 상태에서도 발생합니다. 찰스 다윈의 『종의 기원』을 보면, 진화론의 바탕이 된 갈라파고스핀치

갈라파고스핀치. 같은 종이지만 사는 장소에 따라 부리 모양이 다르다.
(사진·위키피디아)

가 그 예이지요. 자연선택의 보기가 된 핀치는 같은 종이라도 사는 장소에 따라 부리 모양이 다릅니다. 주로 어떤 먹이를 먹고 사느냐에 따라 자연도태가 일어나 생긴 종의 변이입니다. 적자생존이지요. 이런 자연선택은 교배 육종이나 유전자 변형처럼 인간들의 필요로 만들어지는 인위적인 변이와는 다릅니다.

자연적인 종의 변이는 이처럼 유전이나 환경 요소의 차이에서 생겨납니다. 유전과 환경의 영향 탓에 드러나는 형질이 달라질 수 있으니 바로 이게 종의 변이지요.

　몬산토와 방법은 다르지만, 인류도 신석기시대 농업혁명 이후 필요에 따라 한없이 새로운 종을 만들었지요. 우유를 위한 젖소 홀스타인, 털을 얻기 위한 양 메리노 같은 게 그런 예이지요. 식탁 위에 번갈아 오르는 콜라비, 케일, 브로콜리, 양배추도 모두 조상이 같아요. 지금이야 형태가 다 제각각이지만, 시작은 모두 야생 겨자랍니다. 줄기 형질에 관심을 둔 사람들 손길이 끼어든 게 콜라비입니다. 케일이나 양배추는 잎, 브로콜리는 꽃과 꽃대를 택한 특정 형질이지요.

　필요한 형질을 좀 더 확실하게 만들려는 게 전통적인 교배 육종입니다. 예를 들어 병충해에 강하고 수확량도 많은 품종을 얻기 위해, 병충해에 강한 품종과 수확량이 많은 품종을 각각 선택하여 교배합니다. 필요한 품종을 얻기 위해 한두 세대의 번식에서는 불가능하니, 꽤 오랜 시간이 필요합니다.

　육종은 '생물의 유전적 성질을 개선하거나 변경함으로

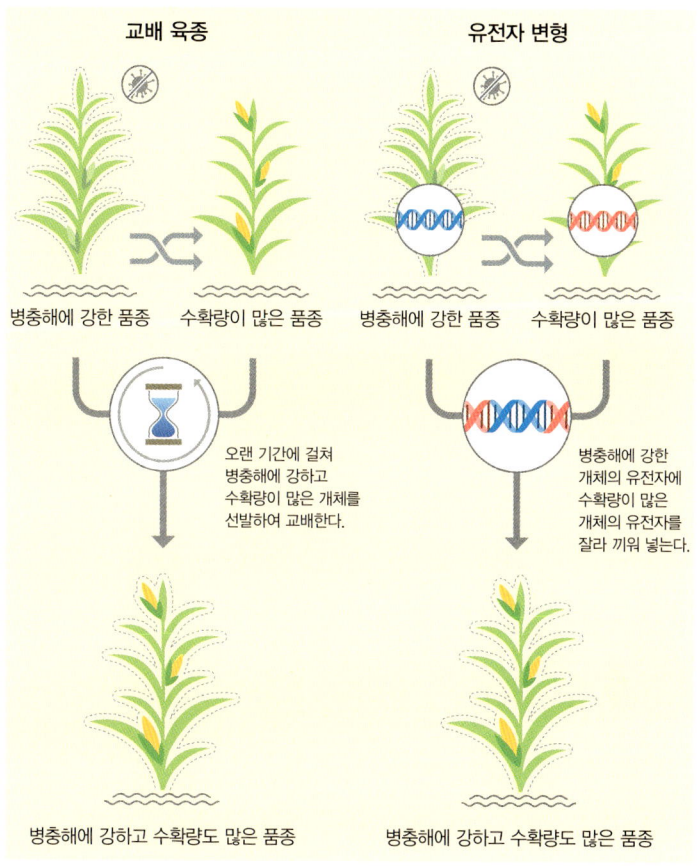

전통적인 교배 육종과 유전자 변형의 차이점.

써 인류의 생활에 이용 가치가 더 높은 작물 및 가축의 신종 또는 새로운 품종을 육성하는 기술'입니다. 유전 형질을 필요에 맞게 변화시킨 신종이니 일종의 품종 개량이지요.

종의 변이란 건 같지만 유전자 변형에는 인간에 의한 기계적인 과정이 포함돼요. 자연 속의 돌연변이는 결과를 예상할 수 없지만, 유전자 가위를 동원한 유전자 변형은 결과가 분명합니다. 인위적인 과정 탓에 마치 기계로 찍어내듯 작용하니까요.

육종이나 유전자 변형이나 필요한 유전자를 택하는 건 같아요. 오랜 시간이 필요한 전통 교배 육종과 비교해 유전자 변형은 변이를 예상해 시행하니 교배 과정이 필요하지 않아 빠른 기간 내에 적용할 수 있다는 게 장점입니다.

그렇지만 식품의 안전을 포함한 여러 불안이 문제이지요. 살피고 또 살펴야 할 부분입니다. 뿌린 건 콩인데 만일 팥이 나올 수 있는 상황이라면요?

첫 GMO 작물은 토마토

GMO 농작물의 시작은 토마토입니다. 토마토는 영양이

풍부하고 맛도 좋은데, 다 익으면 금방 물러져서 보관에 어려움이 있습니다. 땅이 넓은 미국에선 생산지와 소비자 사이의 거리가 멀어, 잘 익은 토마토가 운반 과정에 물러지는 게 문제입니다.

이 해결 방법을 찾은 게 GMO 토마토의 시작입니다. 쉽게 무르는 유전 형질을 좀 늦춰지게 한 거지요. 해당 유전자를 얻어내 박테리아로 증식해 토마토 DNA에 재조합하여 형질을 바꾼 새로운 품종입니다.

1994년에 상품화되어 시장에 나온 첫 GMO 토마토의 상표는 'Flavr Savr(맛 보호)'입니다. 농부가 아닌 생명 공학 기업에서 시장에 내놓은 첫 GMO 농작물이지요.

이 토마토는 의도한 대로 수확 후에도 상당 기간 단단한 상태를 유지했지만, 소비자들에겐 호감을 주지 못하고 곧 사라지고 말았답니다. 상점에 진열했는데 익지 않은 것처럼 보이니 호르몬을 뿌린 일까지 있었다지요. 이런 노력에도 '맛 보호' 명찰의 첫 GMO 농작물은 원래의 토마토 맛을 내지 못하며 밀려납니다.

유기농으로 재배한 토마토(왼쪽)와 GMO 토마토(오른쪽).
GMO 토마토가 훨씬 더 오랜 기간 단단한 상태를 유지한다. (사진·위키피디아)

 기업이 원하던 성과는 없었지만, 토마토 '맛 보호' 이후 이어진 GMO 작물에 혼란이 함께합니다. 소비자가 우선이어야 할 먹거리에 생산자의 편의가 먼저였습니다. 그들이 먼저 선택한 유전자는 제초제에 버티는 식물이었지요.
 몬산토는 농업의 기계화 과정에서 필요한 제초제로 생산성 향상을 꾀합니다. 미국의 대평원은 씨뿌리기나 농약 살포에 헬리콥터가 필요할 만큼 넓디넓습니다. 콩이나 옥수수의 파종에 앞서 먼저 해야 하는 게 제초제 살포입니다. 제초제가 뿌려진 농지에서도 싹트는 작물이 필요했지요. 몬산토에서 농부들에게 제시한 콩 종자가 '라운드업 레디 소이빈(Roundup Ready Soybean)'입니다. 몬산토가 만든 제초제 라운드업에 준비가 된 콩이라는 뜻입니다.

제초제에 버티는 유전자 배양은 곧바로 유채로 이어집니다. 제초제에 버틸 수 있다는 걸 확인했으니 다음을 찾아야지요. 이젠 병충해에 대한 저항성입니다. 여기서 더 나아가 식물 스스로 오히려 해충을 죽이는 물질까지 만들게 하지요. 이렇게 해서 세계 농작물 중 생산량의 대부분을 미국이 담당하는 옥수수나 면화는 유전자 변형의 한 축을 담당하게 됩니다.

이제는 음식 재료나 가축 사료로도 GMO 작물을 사용할 수 있으니 걱정이 되죠. 어느 정도 예상한 상황이니 농산물이 시장에 나오기 전에 식품 안전성 검사를 받아야만 했습니다. 물론 유럽과 미국의 안전성 검사에서는 문제가 없어 GMO 작물은 전 세계로 퍼졌지요.

지엠오(GMO), 얼마나 사용하나

100배 이상 늘어난 GMO 작물 재배 면적

GMO 때문만은 아니지만 생명 공학은 현재 인류 최고의 학문 중 하나입니다. 콜라비를 이용해 바이러스의 증식을 막는 인터페론을 대량 생산하고, 토마토를 통해 사람의 혈청 알부민에 접근하고, 담뱃잎에서 인슐린을 만드니까요. 거기에다가 분해가 되지 않아 환경 문제로 고민하는 플라스틱까지 식물을 통해 만들어 바이오 플라스틱이라 부릅니다.

불과 20년 남짓에 생명 공학의 발달로 GMO 작물은 상상을 벗어나는 수준까지 이르렀습니다. 초기에는 병충해

생명 공학 기술의 발달로 요즘은 영양이나 맛까지 고려하여 소비자의 욕구를 만족시키는 GMO 농작물이 개발되고 있다.

에 강한 GMO 작물처럼 생산자를 고려하며 시작했지만, 이제는 소비자의 욕구를 찾아가고 있지요. 단일 유전자가 아닌 영양이나 맛처럼 품질도 고려한 복합 유전자의 조합까지 발전했습니다. 종자가 중심에 있으니 연구의 주도권은 여전히 GMO의 시작인 몬산토가 쥐고 있습니다.

2016년 GMO 작물의 재배 면적은 처음과 비교해 100

배 이상 늘어나, 한국 땅 100개를 모아도 모자랄 정도라네요. 주로 미국, 중국, 브라질, 아르헨티나처럼 면적이 넓은 나라에서 재배가 이뤄지기 때문입니다. 경작지만 비교하면 전 지구에서 일 년 동안 사용하는 콩의 78%, 목화의 64%, 옥수수와 카놀라는 25% 이상이 GMO 작물이랍니다. 본고장인 미국에서는 카놀라, 옥수수, 콩과 사탕무는 90% 이상이고, 파파야도 75%라네요. 앞으로는 줄지 않고 더 많아질 수밖에 없겠지요.

세계 최대 GMO 작물 수입국, 한국

GMO 농작물을 재배하진 않지만, 우리나라도 단순히 지켜볼 수만은 없습니다. 나름대로 종자 연구를 진행하여 비타민A로 무장한 골든 라이스(Golden Rice), 먹고 나면 저절로 항체를 만드는 간염백신 바나나 같은 결과물을 내놓고 있습니다. 단순하게 생산량이나 저장성에서 벗어나 특별한 욕구가 점점 더 나타날 수밖에 없는 게 GMO 농작물입니다.

일반 쌀(왼쪽)과 골든 라이스(오른쪽). 골든 라이스는 비타민A가 많이 들어 있도록 개발한 GMO 농작물이다. (사진·위키피디아)

　게다가 세계적인 GMO 농작물 수입국이 우리나라입니다. 식용유를 대표하던 콩기름이 원재료가 GMO 농작물이라고 밀려납니다. 그런데 그 자리를 차지한 카놀라유는 캐나다산 GMO 유채씨이지요. 건강을 생각해 덜어내는 참치 통조림 속의 면실유도 당연히 GMO 면화씨입니다. 이게 다가 아니지요. 한국 요리의 기본인 간장, 된장, 두부의 원재료에도 미국 중부 대평원 지역에서 생산된 GMO 콩에다 옥수수 녹말에서 짜낸 액상 과당이 들어갑니다. 원산지가 미국과 브라질인 콩과 옥수수는 가공식품의 원재료가 됩니다.

  또 가축 사료는 물론 스테이크나 삼겹살로 식탁 위에 오른 소나 돼지의 사료 역시 GMO입니다. 이게 끝이라면 비켜 갈 공간도 있겠지만, 콩, 옥수수가 다일 리는 없지요. 분명하고 확실한 통계자료도 없어 잘 알 수 없으니 소비자들의 불만은 이만저만이 아닙니다.

지엠오(GMO), 찬성 vs. 반대?

도와 줘, GMO

의식주든 식의주든 인류의 삶에선 가장 우선인 게 먹거리입니다. 유니세프 광고의 대부분이 부족한 식량이나 물과 관계되지요. 유엔식량농업기구(FAO)는 현재 세계 인구 중 3,000만 명 이상이 심각한 기아 상태이고, 8억 명 이상이 영양실조 상태라고 봅니다. 경제 선진국들에서는 사람들의 비만과 넘쳐나는 음식물 쓰레기가 문제입니다. 그런데 다른 한편에서는 기본적인 먹거리조차 확보하지 못하고 있는 게 바로 지구촌이지요.

이 문제는 단기간에 해결할 수 없습니다. 지구 온난화로

현재 3,000만 명 이상의 사람들이 식량 부족으로 굶주리고 있다.
GMO 농산물은 세계 식량 부족을 해결할 수 있는 좋은 방법 중 하나이다.

(사진·아프리카아시아난민교육후원회)

인한 기후 변화나 멈추지 않는 세계 인구 증가는 더욱더 불안한 요인입니다. 연평균 기온이 1.5℃ 이상 오르면 밀은 10년마다 2%, 옥수수는 1%의 수확량이 줄어든다지요. 농경지의 한계로 식량 증산의 가능성이 거의 없다는 걸 고려하면, 식량 문제는 앞으로 더욱 심각해질 수밖에 없습니다.

　조금이라도 농업 생산량을 늘릴 수 있다면 해결의 실마

리가 됩니다. 인류의 오랜 관심이니 늘 방법을 찾아왔지요. 신품종에 농약, 화학비료도 여기서 나온 결과입니다. 문제는 오랜 기간이 필요하고 바라던 결과를 얻는 데는 한계가 있다는 것이지요. 들이는 노력과 시간, 자본과 비교해 만족할 만한 결과는 얻지 못하고 있습니다.

유전 공학을 이용한 종자 개량이 파고든 게 바로 이 지점이에요. 교배로 우량종을 확보하는 육종에 비해 유전자 변형으로 종의 형질을 바꾸고, 결과도 바로 확인하는 건 사실상 마법입니다. 시간, 자본 등 여러 부분에서 개선이 이루어졌지요.

병충해나 가뭄 같은 이상 기후에도 버틸 수 있는 종자는 가히 꿈같은 일입니다. 또 제초제에도 잘 버티니 일손도 줄어들고 더 많은 수확을 줍니다. 그동안 상상만 하던 인류의 희망이 신품종 GMO 작물이 된 것입니다.

GMO를 찬성하는 측이 예로 제시한 게 하와이 파파야입니다. 하와이 과일 산업의 한 축을 담당하던 파파야가 1990년 들어 바이러스 감염으로 위기를 맞게 됩니다. 미

바이러스 감염으로 위기를 맞았던 하와이 파파야 산업은
GMO 신품종 파파야 개발로 다시 살아나게 되었다. (사진·위키피디아)

국 농무부가 지원한 하와이대학 연구팀은 유전자 변형으로 바이러스에 저항하는 신품종 파파야를 개발합니다. 1998년에 재배가 시작된 GMO 파파야는 하와이의 과일 산업을 다시 일으키게 되지요.

  이것이 계기가 되어 각국에서 바이러스 해결을 위한 신품종 개발에 참여합니다. 바나나 살리기가 대표적인 경우이지요. 인위적인 돌연변이를 걱정했지만, 우려했던 문제는 나타나지 않았습니다. 과거에는 생각할 수도 없었던 다른 종 사이의 유전자 전환도 가능하다는 게 결과로 나타난 것입니다.

절대 안 돼, 프랑켄푸드

그린피스 같은 세계적인 환경 단체가 중심이 된 반대 세력은 GMO 자체를 인정하지 않고 있습니다. 안전성이 보장되지 않은 먹거리란 생각이 그 시작입니다.

20년 남짓 동안 아직 나타난 부작용이 없다는 GMO 찬성 쪽의 의견에 그들은 미래를 문제 삼습니다. 한정 지을 수 없는 앞으로의 섭취 기간 동안 안전은 전혀 준비되지 않았다는 거지요. 또 제초제와 병충해에 버티기 위해 만든 유독 물질이 음식물 속에 남을 수도 있다고 의심합니다.

이것은 단지 음식물에서만 끝나지 않습니다. 농작물은 먹거리 이전에 지구 생태계를 이루는 생명체이니 환경에도 당연히 물음표를 달게 됩니다. 병충해와 기후, 번식, 환경 적응 등의 생태 요소를 사람들의 욕심에 따라 바꿨으니, 앞으로 나타날 변화를 예상할 수 없다는 겁니다.

많은 사람이 아직 확인되지 않은 안전성을 들어 GMO를 반대하고 있다. 특히 생태계에 혼란을 가져올 수 있다며 크게 우려하고 있다. (사진·위키피디아)

날씨가 추워지면 잎사귀를 떨어뜨리던 식물이 겨울에도 푸른 잎을 유지한다면 주변 생태계에 어떤 영향을 줄까요? 이런 독립된 생태계를 자연은 받아들일 수 있을까요? 유전자 변환으로 적응성이 강해지면서 생태계의 약자가 순간적으로 강자로 바뀌는 경우를 예상해 봅시다. 뱀을 잡아먹는 개구리? 생태계라는 틀에서 보면 위험이 예상되지요.

병충해, 제초제와 관계된 유전자 변형은 그 작물에서

만 끝나는 게 아니지요. 해충뿐만 아니라 다른 미생물과 곤충, 나비, 새 들에게도 영향을 미칠 수 있습니다. 결국 GMO 작물이 파종된 재배지에서는 생태계의 혼란도 예상됩니다.

게다가 생산자인 농부들은 당연히 생산성이 적은 재래종보다는 GMO 신종을 택할 수밖에 없지요. 전통적인 원종은 점차 사라지고, 엉뚱한 신종만 남는 멸종 상황도 생깁니다. 검정, 초록, 노랑 등 여러 콩 중에서 생산량이 많은 콩만 남는 획일화된 환경이 예상됩니다. 순간적으로 진행되는 종 변형은 생태계 스스로 안정시킬 수 있는 시간도 없습니다.

하지만 무엇보다도 가장 큰 걱정은 경제적인 면입니다. 세계 최고 수준의 건강 기업 바이엘이 몬산토를 인수한 까닭을 생각해 보세요. 전 지구적인 식량난 해결이라는 대의가 기본이겠지만, 개별 기업의 최종 목표는 경제적인 이익입니다. 독점을 통해 종자에 대한 권리와 그에 대한 보상을 요구할 때 국가도 함께 책임을 지는 경우이지요. 저개발 국가나 농민들의 대응에 국제적인 분쟁의 가능성도 있습니다.

아직 명확하게 드러난 것은 없지만 GMO를 거부하는 측에서 의문이 제기되는 상황이니 논쟁은 계속될 수밖에요.

거기서 만들어진 말이 프랑켄푸드(frankenfood)! 당연히 GMO를 거부하는 말입니다. 시체 괴물을 만드는 프랑켄슈타인(frankenstein)이 먹는 음식이니, 예상되지요. 21세기에 등장한 이 단어는 유전자 변형 식품을 이르는 말입니다. 의미 그대로 따온다면 GMO 식품은 괴물 음식이 되나요? 그런데 이 말을 곧이곧대로 인정할 수 있는 사실은 아직 밝혀지지 않았습니다.

안전이나 해로움 등에 대해 이렇게 생각의 차이가 크니 거의 전쟁 수준의 대립입니다. GMO 옥수수와 콩이 등장한 직후 영국과 프랑스에서 동물에게 이 식품을 먹인 후 공개한 결과는 참담했습니다. 프랑켄푸드 수준의 결과였지만 실험 설계부터 결과 해석까지 부족한 부분이 확인되면서 단순한 쟁점 수준에 머물고 말았지요.

프랑켄슈타인은 시체들을 모아 살아있는 시체 괴물을 만든 소설 속 과학자이다. 그의 이름을 딴 '프랑켄푸드'란 GMO 식품을 부정적으로 표현하는 말이다.
(사진·위키피디아)

뭐가 문제야, GMO 안전한 것 아닌가?

2016년, 100명이 넘는 노벨상 수상자들이 GMO 작물을 '유전자 오염'으로 규정한 국제 환경 단체 그린피스를 지적합니다. 육종을 통한 개량종과 비교할 때 유전자 변형 농산물이 위험하지는 않다는 게 과학계의 일치된 의견이란 거지요. 그 근거로 그동안의 소비 과정에서 건강에 부정적인 영향을 미친 사례는 아직 확인된 게 없다고 주장합니다.

GMO 작물이 시장에 나와 소비된 후 실제 보고된 피해는 없답니다. GMO가 전 세계 생산량, 소비량의 70% 이상을 차지하는 콩이 대표적인 예이지요. 콩은 사료도 만드니 가축을 함께 살펴도 최대 소비국인 미국에서조차 아직 드러난 문제는 없다는 게 가장 많이 제시하는 근거입니다.

우량종을 택해 번식시키며 진행된 그간의 농경처럼 GMO도 마찬가지란 거지요. 지금껏 이어진 육종의 또 다른 과정일 뿐이란 겁니다. 마구잡이 유전자 혼합 과정인 전통 육종과 비교해 필요한 유전자만 잘라내 새로운 종을 만드니 더 과학적이란 거지요. 결국엔 유전자가 변형되는 건 육종도 마찬가지 상황인데, GMO만 특별히 위험하다고 볼 수 없다는 겁니다.

돌연변이도 유전자 변형이니 GMO와 다를 바 없다고도 주장합니다. 단지 유전자 가위처럼 방법과 시간의 차이일 뿐 생체 유전자가 바뀌는 건 돌연변이나 육종 모두 다 마찬가지란 거죠. 손대는 유전자 범위가 워낙 좁으니 GMO는 문제의 가능성도 그만큼 적다는 겁니다. 기껏해야 한두 개인 극히 일부에서 이뤄진 유전자 변형으로 유기체의 본질을 바꿀 수는 없다는 겁니다.

20년 넘게 GMO 작물을 재배해 왔으니 이젠 분명한 과학적인 근거에서 이성적으로 접근하자는 거지요. 사실 질병 치료나 건강 증진 부분에서 그 역할을 생각하면 GMO를 무작정 비난할 이유는 없습니다. 인슐린에 이어 인터페론을 비롯한 다양한 항암 물질의 양산이 그 예지요.

유전자 변형은 이젠 단지 생산량을 늘리는 데만 머물지 않습니다. 비타민A를 품은 벼, 항암 물질이 든 토마토, 먹으면 백신 효과를 가지는 작물까지 재배되니 유전자 변형으로 준비되는 혜택도 무시할 수 없는 부분입니다.

이게 다가 아니에요. 전 지구인의 근심인 지구 온난화의 주범 이산화탄소의 배출량도 언급됩니다. 20여 년간의 GMO 작물 재배는 약 1,200만 대의 차량이 멈춘 효과라고 주장한 연구도 있으니까요. 제초제를 통한 잡초 제거로 경운기나 트랙터 같은 농부들의 기계 사용이 그만큼 줄었다는 거지요. 병충해 관련 유전자로 줄어든 농약 사용도

GMO 작물 재배가 경운기나 트랙터 같은 농기계의 사용을 줄여 그만큼 이산화탄소 배출량을 감소시켰다는 주장도 있다. (사진·위키피디아)

환경 보존에 큰 역할을 했으니 결과적으로 친환경적인 농작물이란 겁니다.

함께 생각해 볼 부분은 GMO의 변화입니다. 시작은 제초제, 병충해 저항성 등 생산자 입장이었지만, 점차 건강을 기본에 둔 소비자 중심으로 바뀌는 상황입니다. 농업 중심에서 의약품, 화장품, 바이오 에너지 등의 산업 재료와 환경 보전을 고려한 작물로 전환하고 있습니다. 지카 바이러스 예방을 위한 모기, 파란색 카네이션과 장미, 바이오 에너지를 생산하는 나무 등이 그런 예이지요.

인류의 미래를 생각하면 유전자 변환은 막연한 두려움만 갖고 멈출 수 있는 부분은 아니란 거지요. 그보다는 일반인들이 지식의 한계로 느끼는 첨단 생명 기술에 대한 근거 없는 불안감을 해소하는 것이 먼저라 주장합니다.

GMO 찬성 vs. 반대, 내 생각은?

지금껏 의견이 나뉘는 부분을 다시 살피면서 정리해 봅시다. 사람들은 어떤 유기체든 새로운 것을 접하는 때면 의혹을 두고 검증하면서 다가갑니다. 특히 새로운 음식은 더 분명합니다. 이를 위해 미각까지 준비하고 있잖아요. 또 자기에게 없는 경험이라면 다른 이들의 것이라도 참고합니다.

그러다 보니 환경 단체나 전문가만이 아니라 일반인들도 GMO 논쟁에 의견을 개진하는 수준을 넘어 적극 참여하게 되지요. 예상할 수 없는 새로운 독성 물질에 대한 내성균, 슈퍼 잡초, 장기간 섭취 시 나타날 수 있는 인체 변화처럼 문제 상황도 다양합니다. 가끔 소비자들의 공포를 끌어내는 실험 결과들은 논쟁을 더 부채질하지요.

유전 공학을 통한 시험관 육종은 부정확하다는 게 그 출발점입니다. 같은 종이 아닌 다른 종의 유전자까지 가볍게 적용하니 앞날을 예상할 수 없지요. 겉모습만 같아 보이지 예전과 다른 생명체이니 예상할 수 없는 형질 탓에 불안하기도 합니다. 원하는 성질만 유지한다는 게 목적이지만 기대와 다른 결과가 나오지 않을 거라고 분명하게 말할 수는 없습니다. 예상하지 못한 독소의 생성이나 엉뚱한 유전자로 생길 수 있는 생태계의 혼란도 마찬가지이지요. 월등한 생산량 탓에 숨겨지는 슈퍼 잡초나 전통 작물의 종소멸 가능성도 예견할 수 있습니다.

전 세계적인 상황이니 GMO 작물도 당연히 기본 검사는 합니다. 건강과 알레르기, 안전성 확보를 위해 독성을 확인하고 영양 성분 등에서 확실하게 증명된 경우에만 시장에 나올 수 있지요. 함께 남아 있는 농약과 그 성분도 기준 적합 여부를 확인하고 검사합니다.

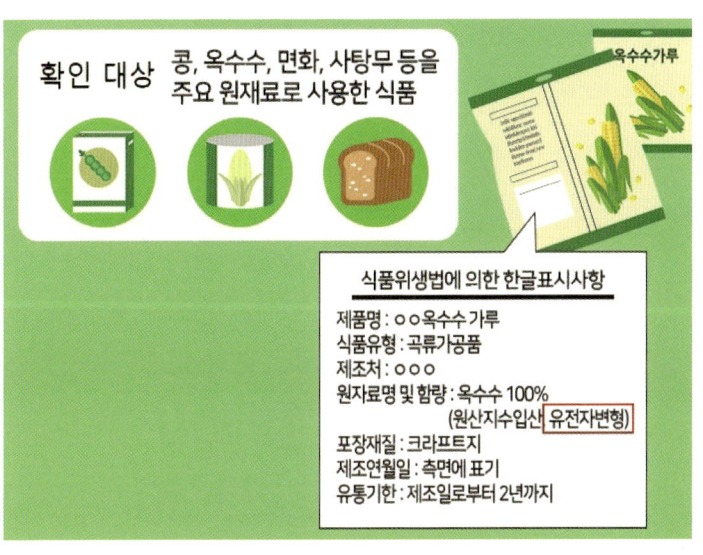

우리나라도 GMO 표시제를 시행하고 있으며, 식품 포장지에서 유전자 변형 식품 표시 사항을 꼼꼼하게 확인하는 것이 좋다. (사진·식품의약품안전처)

　우리나라의 상황도 살피면서 방안을 찾아야지요. 처음 시작한 미국도 지금은 모든 제품에 GMO 표시가 의무입니다. 환경 단체의 의견으로는 전 세계 GMO 농작물의 최대 수입국이 우리나라라고 하는데, 확실하게 단정할 수는 없습니다. 이를 확인할 수 있는 일본이나 유럽 쪽의 정확한 자료가 없으니까요.

　일본은 최근에도 미국과 옥수수 수입에 대한 갈등이 있

었습니다. 일본도 많은 양의 농작물을 외국에 의존합니다. 옥수수는 거의 100%에 가깝고, 콩은 95% 정도를 미국, 브라질, 캐나다 등에서 사 오니 대부분이 GMO 작물로 추정되지요. 우리나라도 일본과 비슷한 정도라 수입하는 데 경쟁 아닌 경쟁이 일어납니다.

상황이 이러하니 우리나라에서도 분명한 GMO 표시를 통해 소비자의 선택권에 도움을 줘야 합니다. 하지만 아직은 제한적인 GMO 표시제를 생산자 중심으로 시행하고 있습니다. 확인이 필요한 건 소비자이니 식품의 제조 과정에 사용된 모든 원재료에도 GMO 표시제가 적용돼야지요.

이제 남은 건 결국 의심을 품고 살펴보는 소비자의 선택입니다. 아직 해결책이 준비되지 않았으니까요. 바로 우리 모두를 위한 안전한 식품을 위해서입니다!

엠에스지(MSG)
화학조미료

환경 단체가 서울 광화문광장 이순신 장군 동상 앞에서 화학조미료에 반대하는 모임을 열고 있다. (사진·연합뉴스)

새로 찾아낸 맛, 엠에스지(MSG)

아마도 MSG 탓이 아닐까?

식탁을 위협한다는 외국산 GMO 작물을 바다에서 막기 위해 이순신 장군께서 등장하셨나요? 근데 펼침막에 나온 건 GMO가 아닌 화학조미료네요. 이순신 장군의 힘을 빌려 빗속에서도 반대 주장을 펼치게 만드는 또 다른 식자재 '엠에스지(MSG)'가 두 번째 주인공입니다. 편하게 화학조미료라고 부르지요.

천연, 발효, 바이오, 효소······, 이런 말들을 쉽게 보거나 듣는 경우 혹은 장소를 생각해 보세요. 그래요, TV의 먹거리 관련 프로그램이나 맛집 소개입니다. 음식물에 이 단어들이 중요한 자리를 차지한 이유는 뭘까요?

　아마도 쉽게 화학조미료라 말하는 엠에스지(MSG) 탓이 아닐까요? 가끔 MSG, 화학조미료를 사용하지 않는다는 걸 자랑삼듯 내건 식당을 볼 수 있습니다. 게다가 '착한 식당'을 찾던 방송 프로그램은 가장 먼저 확인하는 게 화학조미료의 사용 여부였습니다. 이 정도면 누구나 쉽게 거부감을 가질 수밖에 없지요.

화학조미료인 엠에스지(MSG)를 이루는 기본 물질은 아미노산 가운데 하나인 글루탐산이다. (사진·위키피디아)

MSG의 뜻을 풀어보니

화학조미료가 무엇인지 제대로 알고 있나요? MSG라고 머리글자만 빼냈으니 뜻을 알기 쉽지 않습니다. MSG는 'Mono Sodium Glutamate'의 줄임말입니다. 하나(1) 소듐(나트륨이라도도 불림) 글루탐산이란 뜻이니, 기본은 글루탐산이란 물질입니다.

글루탐산, 더 낯설지만 자주 듣는 아미노산 중 하나입니다. 만나서 합쳐져 단백질을 이루는 물질이 아미노산이지요. 유기 생명체에 공통으로 존재하는 아미노산 스무 개 중의 하나가 글루탐산입니다. 호르몬, 신경 전달 물질을 이루고 효소도 만들어내며, 인체의 여러 대사 작용에 관여하는 물질이에요.

음식의 맛이란?

음식의 맛과 관계되니 조미료라고 하겠지요. 음식의 기본은 영양 에너지이지만, 그보다 앞서는 게 맛이잖아요.

맛은 '음식 따위가 혀에 닿았을 때 느껴지는 감각'을 말합니다. 사는 즐거움을 찾는 감각이 맛이지요. 맛을 맞이할 유전자를 펼쳐 놓은 혀는 음식을 만나면서 느끼는 맛 감각으로 영양소도 구분합니다. 좁쌀처럼 톡톡 튀어나온 혀의 유두에 있는 미뢰(맛봉오리)가 받아들이는 느낌이 미각입니다.

혀를 몇 부분으로 나눠 맛을 느끼는 영역을 지정한 맛 지도도 있지요. 혀 부위에 따라 느끼는 맛이 다르다는 건데 요즘엔 이걸 인정하지 않습니다. 맛을 느끼는 미뢰는 혀에 골고루 퍼져 있으니 혀끝에서 단맛을 느낀다는 식의 맛 지도는 이젠 기억하지 않아도 됩니다.

혀에서 인식하는 건 기본적으로 쓴맛, 신맛, 단맛, 짠맛입니다. 기본은 이렇게 네 개인데, 흔히 오미(五味)라는 말을 많이 씁니다. 기본 맛이 네 개인데 오미, 다섯 가지 맛? 아마 '떡볶이의 매운맛이 없어요'라고 곧바로 말할 거예요. 오미라 하는 건 네 가지 맛에 매운맛이 추가된 겁니다. 근데 맵다는 건 미각과 관계가 없어요. 서양에서는 뜨거운 걸 맛으로 표현하는 경우도 있지요. 하지만 '맵다, 뜨겁다'

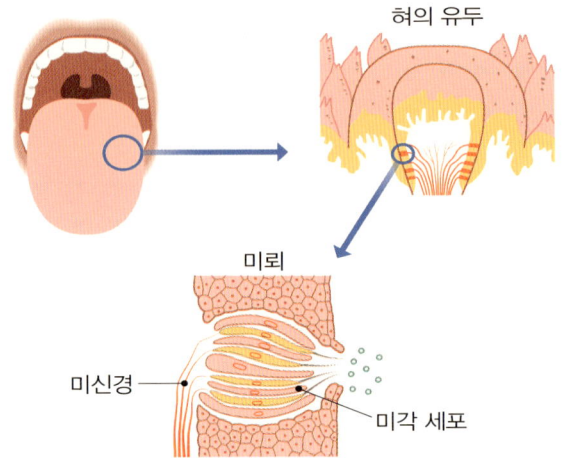

혀의 구조. 혀에 좁쌀처럼 도톨도톨 튀어나와 있는 유두에는 미뢰(맛봉오리)가 있어 이곳에서 미각을 느낀다.

는 맛이 아닌 강한 자극입니다.

양파 껍질을 벗기다 보면 눈물이 나는데 바로 매운 자극 탓입니다. 눈이 매운맛을 느낄 수 없으니 '맵다'는 맛이 아닌 단순 자극입니다. 피부도 느끼는 '뜨겁다'와 '맵다'를 미각으로 몰아갈 수 없지요. 그러니 과학에서는 미각을 '물에 녹은 상태인 화학 물질의 맛을 느끼는 감각'으로 규정합니다.

20세기에 추가된 맛, 감칠맛

맛을 이야기할 때 오미를 인정하는 건 우리뿐 아니라 세계적인 추세입니다. 그럼 오미란 말은 잘못된 게 아니란 거죠. 매운 자극을 제외한 쓴맛·신맛·단맛·짠맛, 기본 네 가지 맛에 20세기 들어 추가된 게 바로 '감칠맛'입니다.

요즘은 영양분도 맛으로 비교하지요. 일상 활동에 필요한 에너지 대부분을 공급하는 탄수화물은 단맛으로 규정합니다. 주의가 필요한 음식물은 쓴맛으로, 상한 정도를 판단하거나 비타민을 구분하는 건 신맛입니다. 짠맛은 수분의 균형과 대사, 피를 순환시키는 데 중요한 소듐입니다.

이렇게 살펴보니 사람들이 즐기는 주요 영양소인 단백질과 지방은 없네요. 느끼함으로 표현하는 지방은 과학 미각 수준에는 오르지 못했어요. 그럼 즐겨 먹는 고기나 생선, 달걀 등에 포함된 단백질은 뭐라고 표현하나요? 바로 오미에 접근하는 새로운 미각, 감칠맛입니다.

엠에스지(MSG), 어떻게 만들어졌나

일본의 '우마미'에서 시작되다

감칠맛은 일본말 '우마미(umami)'에서 시작되었습니다. 일본에서는 이 맛을 '지미(旨味)'라 하고, 중국에서는 이 맛을 '선미(鮮味)'라 표현하니 동양의 맛이라 해도 큰 무리는 없을 듯합니다.

우리는 일제강점기에 처음 우마미를 접하고 감칠맛으로 부릅니다. 감칠맛은 기본 4미와 달리 미뢰의 감각과 더불어 마음의 느낌도 담긴 맛입니다. 캠브리지 사전에서는 우마미를 '달고, 시고, 짜거나 쓰진 않지만 강한 맛으로, 다섯 번째 맛'으로 정의합니다.

다시마를 끓이고 증류하는 과정에서 엠에스지(MSG)를 찾아낸 일본 도쿄대학의 이케다 기쿠나에 교수(왼쪽)와 이를 처음 상품화한 일본의 인공 조미료 '아지노모토'(오른쪽). (사진·위키피디아)

이 감칠맛의 시작이 일본인 이유가 궁금하지요. 우마미가 바로 MSG의 시작입니다. 흔히 화학조미료로 지칭하는 MSG는 1908년 도쿄대학의 이케다 기쿠나에 교수가 찾아냅니다. 특별한 조미료를 만들려고 다시마를 끓이고 증류하는 실험을 반복하다가요.

그렇게 확인한, 4미와는 다른 특별한 맛에 우마미란 이름표를 붙입니다. 시작은 다시마 국물이지만 얼마 안 돼 가다랑어포(가쓰오부시)와 표고버섯에서도 비슷한 맛을 확인해요. 지금은 된장이나 치즈, 어간장처럼 발효가 기본이 되는 세계 각지의 음식물에서 확인하는 맛도 감칠맛으로 인정합니다.

이케다 교수가 감칠맛의 기본을 제시한 게 벌써 100년도 넘었으니 꽤 오래되었지요. 다시마에서 시작된 글루탐산, 우마미라 칭한 이 맛은 이후에 다양한 방법으로 여러 맛이 가미되며 MSG라 불리게 됩니다. 화학조미료란 이름도 함께 감칠맛을 지칭하게 되지요.

MSG를 흔히 화학조미료라 부르니 비닐, 플라스틱 같은 석유 화학 제품을 떠올리지만, 사실은 다시마에 든 단백질 아미노산입니다. 이걸 상품으로 팔기 위해 '아지노모토(味の素)'란 조미료 상표를 붙여서 시장에 내놓았지요. 감칠맛의 시작인 동시에 역사적인 인공 조미료의 탄생입니다.

글루탐산 소듐은 다시마를 끓이고 증류를 거듭하며 뽑아낸 단백질 추출물인 하얀 가루예요. 처음엔 뱀 가루라는 소문까지 돌며 관심받지만, 생산량이 지나치게 적어 경제성에 문제가 있었습니다. 당연히 지금처럼 낮은 가격은 아니었어도 서서히 신비의 조미료로 감칠맛을 5미 자리에 올리게 됩니다.

글루탐산 자체로는 아무 맛도 없지만, 소듐과 합쳐져 물에 쉽게 녹으며 감칠맛을 만듭니다. 인공 조미료라고 부르지만 시작은 이렇게 이케다 교수를 비롯해 많은 사람의 노력으로 찾아낸 자연 속에 존재하는 물질이지요. 다시마, 가다랑어포, 표고버섯이 시작입니다.

20세기 초에 시작된 우마미는 1985년에 마침내 국제 공용어로 지정됩니다. 함께 이 맛을 받아들여 느끼는 수용체도 21세기인 2000년에 마이애미대학에서 확인하며 과학에서도 인정받습니다. 우마미를 느끼는 유전자를 과학적으로 입증한 거지요.

화학조미료 MSG

MSG, 나이로 따지면 100살이 넘는데도 지금까지 화학조미료란 이름으로 사람들의 별스러운 주목을 받는 이유는 뭘까요? 요즘은 이걸 사용하지 않아야 착한 식당이랍니다. 하지만 MSG를 천연 재료를 합성한 독특한 맛으로 '미래의 맛'으로 인정하는 쪽도 있지요.

화학조미료란 말의 시작을 살펴볼까요. 화학 물질 하면 나일론의 탄생처럼 석유 화합물을 먼저 생각하지요. 그런데 과학을 이끄는 한 축은 화학 물질입니다.

MSG가 등장하던 시기엔 화학 물질을 연구하는 학문인 화학이 마법의 영역이었지요. 새로운 물질을 찾아내거나 만들어내니 보통사람들이 볼 때는 거의 마술사들의 학문입니다.

MSG는 'Mono Sodium Glutamate'의 머리글자만 추려낸 것이잖아요. 특별할 거 없는 소금의 주성분 소듐이 아미노산인 글루탐산에 붙어 있다는 표현입니다. 소듐이 함께하니 소금처럼 물에 녹아 감칠맛을 만듭니다.

시작은 다시마이지만 생산비를 줄이려고 밀가루의 단백질 글루텐에서도 뽑아냈지요. 하지만 단백질의 가수분해 과정에 큰 비용이 들어서 경제성이 문제가 됩니다. 수요는 많은데 공급에는 한계가 있어 좀 더 경제적인 제조 방법을

현재 화학조미료는 마트의 한편을 가득 메울 정도로 널리 사용되고 있다.
(사진·류재원)

찾습니다. 그렇게 시작된 새로운 공법이 지금 문제의 원인이 되었어요.

조미료 제조에 발효가 등장한 건 1957년쯤 일입니다. 포도당과 암모니아 발효액에서 박테리아를 배양해 글루탐산을 만듭니다. MSG의 생산이 수요를 따라가지 못하니 제조사들은 더 우수한 박테리아를 연구하며, 사용하는 재료에서 다양한 변화가 나타납니다.

이 시기에 일본은 한국전쟁을 계기로 순간적으로 산업

이 발전합니다. 1960년대 이후 자리 잡은 석유 화학 공업에 MSG도 함께하지요. 아크릴 섬유의 제조 과정에서 얻은 화학 물질이 MSG를 합성하는 초기 물질로 사용됩니다. 1973년까지 합성에 이용한 아크릴로니트릴이라는 화학 물질입니다. 살충제를 만드는 데도 사용하는 독성 물질을 통한 합성이니 사람들은 놀랄 수밖에 없었습니다.

그 이후에는 식초나 요구르트를 만들 때 사용하는 박테리아를 통한 발효가 적용됩니다. 사탕수수나 타피오카와 같은 식물에서 미생물 발효로 뽑아낸 글루탐산을 소듐과 결합하여 제조하지요. 설탕을 채취하는 당밀에서 글루타메이트를 얻는 발효법을 통해 양과 생산율이 향상되어 늘어난 수요에 대처합니다. 이것은 미생물에 의한 발효가 기본이니 생산자들은 거의 자연 생산에 가깝다고 주장합니다.

엠에스지(MSG), 얼마나 사용하나

중국식당증후군의 원인이 MSG?

상상이 안 될 정도로 MSG 거부감이 세상을 지배하는 이유는 뭘까요? 개중엔 감칠맛의 시작인 동양에 대한 차별을 이야기하기도 합니다. 1960년대 후반 중국식당증후군이라는 다소 엉뚱한 신체 증상이 등장한 겁니다.

중국계 미국인 의사가 뉴욕의 중국 식당에서 좀 과식을 했다지요. 그 뒤 2시간 넘게 목, 등과 팔이 저리고 마비되며, 구토와 현기증도 겪었다는 내용을 의료 신문에 투고합니다. 기다렸다는 듯 비슷한 경험을 겪었다는 의견이 이어집니다. 이야기가 많아져 원인을 조사하는 과정에서 중국

1960년대 중반쯤 중국식당증후군의 원인이 중국 음식에 든 MSG 때문이라는
주장이 나오며 MSG의 유해성이 주목받게 되었다. (사진·위키피디아)

식당에서 조리할 때 늘 사용하는 MSG를 끄집어냅니다.

그러자 당연히 MSG의 유해성에 관심이 증가하고, 과학 전문지는 동물 대상 실험을 통해 MSG가 뇌 기능 장애를 일으킬 가능성도 제기되었다며 부채질합니다. 미국에서 설탕을 대신하던 인공감미료 시클라메이트의 식품 사용 금지령을 내린 시기입니다. 때맞춰 MSG도 안전이 증명될 때까지 판매를 중단해야 한다는 국회의 의견도 제시돼요. 그러자 미국의 식품의약국(FDA)은 MSG의 하루 섭취량을 제한하고, 신생아용 음식에는 첨가 자체를 금지하기도 합니다.

점차 관심은 상식을 벗어나는 수준까지 나아갑니다. 어린 쥐에게 MSG를 주사하니 뇌신경 세포막이 파괴되고 뇌하수체에 이상이 생겼다는 결과까지 나오지요. 여러 내장 기관이 제 역할을 못 하며 대사 작용에 문제가 생겨 성장이 안 된다는 주장도 이어집니다.

MSG 분자가 워낙 작아 태반을 통과해 태아 뇌까지 간다는 이야기도 나왔습니다. 주의력결핍 과잉행동장애(ADHD)의 원인이 될 수 있다는 거지요. 하지만 모든 것의 중심인 뇌를 진화 과정에서 그렇게 가만 놔둘 리는 없습니다. 뇌를 분명하게 둘러싼 보호벽은 MSG 같은 물질이 뇌로 들어가는 걸 분명하게 막고 있으니까요.

MSG, 한국 현황은 어떤가?

우리나라에선 가공식품 첨가제에서 MSG를 찾을 수 없습니다. 대신 향미 증진제라고 나오지요. 좋은 냄새와 맛을 더하는 인공 성분이란 뜻입니다. 사실 인공 성분이라는 말조차도 MSG를 만드는 생산자 입장에서는 불편한 부분입니다.

일제강점기 때부터 지금까지 우리나라의 조미료 자리를 분명하게 지킨 게 MSG입니다. 일제강점기 때 일본 상품 '아지노모토(味の素)'로 시작된 조미료가 지금도 쉽게 구할 수 있는 '미원'으로 대체된 게 다예요. 그런데 우리나라 회사 상표 '미원(味の元)'도 일본어로 읽으면 '아지노모토'라네요.

끊임없이 이어진 화학, 인공 논란에 천연 발효 조미료임을 강조하며 제조 과정을 알리는 데 집중하지요. 설탕의 기본인 자당을 정제시키고 남은 끈적끈적한 사탕수수 즙 당밀이 MSG 제조의 시작입니다. 이걸 멸균한 뒤 미생물을 넣어 발효시키면 글루탐산이 만들어집니다. 이 글루탐산을 물에 잘 녹는 소듐과 합성시켜 결정으로 만든 게 MSG라는 거지요.

하지만 소비자 입장에서 조미료는 아직도 석유 화학 물

질을 정제하고 합성해 만든 것입니다. 그러니 쉽게 화학조미료라고 표현하는데, 따지고 보면 세상에 존재하는 물질 중에서 화학 물질이 아닌 건 없지요?

글루탐산에 붙은 소듐을 짚어 문제를 제기하기도 합니다. 건강에 안 좋다는 거지만, 소금을 이루는 소듐은 동물의 생리 작용에 없어서는 안 될 중요한 물질입니다. 또 소듐 같은 무기염류들은 다른 음식에도 많이 포함되지요. 생산자는 단지 용해도를 높이기 위해 합성한 소듐인데, 이를 화학조미료로 취급하는 건 억울하다는 겁니다. 오히려 이 소듐이 짜니 그만큼 소금 사용을 줄일 수 있어 더 좋다는 연구 결과도 있다지요.

엠에스지(MSG), 찬성 vs. 반대?

MSG는 유해한가?

MSG 사용을 제한하자는 주장이 제시되고 거듭되는 논란에 유엔(UN)까지 식품첨가물전문가위원회(JECFA)를 구성해 연구에 참여합니다. 지역 제한도 없이 전 지구적으로 쓰이니, 미국뿐만 아니라 세계 여러 나라에서 유해성 관련 실험이 이어집니다.

세계 각국의 이처럼 많은 연구 활동에도 불구하고 아직 중국식당증후군의 원인이 MSG란 걸 증명하는 데는 실패합니다. 실험 결과에서 MSG를 끌어들일 증거를 찾지 못했어요. 한국과 일본을 포함한 극동아시아에서는 1908년 이후 오랫동안 써 왔지만, 아직 그런 사례가 보고된 일이 없었으니 어찌 보면 당연한 결과이지요.

오히려 발표된 결과는 중국식당증후군과 같은 증상은 특정인들에게서 일시적으로 나타날 수는 있지만, 바로 사라진다는 겁니다. 다른 식품 첨가제와 주스 같은 음료에서도 비슷한 반응을 보인 경우가 있으니, 그 원인 물질을 MSG라고 단정할 수도 없었지요.

마침내 세계보건기구(WHO)를 포함한 여러 단체들도 MSG와 중국식당증후군의 관련성은 없다고 인정합니다. UN의 식품첨가물전문가위원회는 하루 중 섭취량을 지정할 필요도 없는 안전 물질로 간주하고 인체에 대한 위해성은 없다고 결론짓지요. 과도한 섭취에 대해선 아직 안전 여부를 결정할 수 없다는 조건을 덧붙인 게 다입니다.

지금도 많은 사람이 MSG를 하루 3g 이상 섭취하면 얼굴 경직, 가슴 압박과 같은 불쾌감을 일으킨다고 생각합니다. 미국식품의약국은 2012년 천연 식품에 함유된 글루탐산 성분과 식품 첨가물인 글루탐산소듐(MSG)이 같은 대사 과정을 거친다는 연구 결과까지 발표합니다. 그만큼 미국 내에서 생산되는 식품, 의약품, 화장품 등에 MSG 사용이 일반화됐다는 얘기이지요.

자연 조미료, 글루탐산

앞에서 통틀어서 단백질이라고는 하지만 따져 보면 20종의 아미노산이 있다고 했지요. 글루탐산도 그중 하나인데, 함량이 가장 높아 자연의 모든 단백질 속에서 가장

우리나라의 김치와 된장, 간장, 고추장 같은 장류, 서양의 치즈 같은 발효식품에는 자연 조미료인 글루탐산이 풍부하게 들어 있다. (사진·위키피디아)

많은 부분을 차지합니다. 우리 몸에 들어 있는 단백질의 10% 이상이 글루탐산이라네요.

음식에 들어가면 바로 감칠맛을 더해 주는 게 자연의 글루탐산이에요. 간장, 된장, 치즈 같은 발효식품은 물론 다시마, 버섯과 견과류, 콩과 고기, 우유를 비롯한 대부분의 천연 식품에 자연 조미료 글루탐산이 꽤 많이 들어 있습니다. 음식을 삭히고 발효하는 과정에서 단백질이 효소로 분해되며 글루탐산 같은 아미노산이 만들어지지요.

이런 감칠맛을 단지 동양의 맛으로 한정 지을 수는 없어요. 일본의 다시마와 가쓰오부시, 한국의 멸치 육수, 중국의 닭뼈와 부추를 끓여낸 국물은 감칠맛의 기본입니다. 스튜 같은 서양 요리도 고기를 천천히 끓이다가 감자를 포함한 채소를 듬뿍 넣지요. 이렇게 일부러 MSG를 넣지 않아도 음식에는 천연 조미료인 글루탐산이 넘칩니다.

MSG처럼 바로 느끼지는 않지만 파르메산 치즈, 잘 익은 토마토, 표고버섯 같은 식품의 독특한 맛이 바로 글루탐산의 역할입니다. 먹거리에 포함돼 요리할 때 저절로 만들어

잘 익은 토마토, 치즈, 표고버섯 같은 식품에는 천연 조미료인 글루탐산이 풍부하여 MSG의 역할을 대신할 수 있다. (사진·위키피디아)

지는 글루탐산염은 세계 각지의 요리에서 느껴지는 감칠맛이지요. 지구상 어느 곳이든 존재하는 발효식품 맛의 기본입니다.

MSG, 평생 먹어도 안전하다

우리나라 식품의약품안전처에서는 'MSG는 평생 먹어도 안전하다'고 판정했습니다. 더 나아가 '식품의 첨가량에 상한선이 없을 정도'라고 공식 의견까지 제시합니다.

한 세기 넘게 가장 보편적으로 사용되는 조미료란 겁니다. 이미 일본, 미국, 유럽 등에서 MSG를 안전한 성분으로 인정해 이젠 유해성 논란도 없다는 거죠. 1995년에 실시된 미국 식품의약국(FDA)과 세계보건기구(WHO)의 연구·조사 결과를 근거로 제시합니다.

이러다 보니 MSG가 해롭다는 주장이 과학적으로 비판받는 경우도 있습니다. 순수 자연 화학 물질에 대한 지나친 해석이란 거지요.

유해하냐 무해하냐를 떠나 합성 조미료인 MSG는 건강을 위해서 오히려 필요한 부분이라는 주장도 있어요. 강산인 위액에서도 살아남는 헬리코박터 파일로리 균의 감염에서 생기는 위 점막의 훼손을 막는다는 거죠. MSG가 이 박테리아로부터 위를 보호할 수 있는 점액을 분비할 수 있는 환경을 만든다는 겁니다.

게다가 앞에서 잠깐 살핀 대로 MSG에 결합한 소듐도 긍정 평가의 한 부분입니다. 소듐을 포함한 MSG 덕분에 소금 사용을 줄일 수 있다는 거지요. 사용하지 않았을 때

MSG를 찬성하는 쪽에서는 MSG가 균으로부터 위 점막을 보호하고, 영양 상태를 개선하며, 소금 사용량을 줄여 오히려 건강에 도움을 준다는 주장도 있다. (사진·픽사베이)

보다 상대적으로 줄어드는 소듐의 섭취량이 25% 정도이니 꽤 의미 있습니다. 미국에서는 아예 소금을 대체할 수 있는 물질로 인정하는 경우도 있다지요.

하지만 무엇보다 먼저 제시하는 건 영양 상태의 개선이에요. 감칠맛은 침샘에서 분비되는 침의 양을 늘립니다. 많이 분비된 침으로 입속 음식에 대한 저항감은 자연스럽게 줄어들고, 면역력도 있으니 영양소 섭취가 늘어난다는 거지요. 감칠맛을 통해 아이들의 식습관도 자연스레 개선해 편식을 막아 균형 잡힌 영양 섭취를 돕는다고 주장도 합니다. 생존을 위해 함께 먹으면 좋은 어린 채소의 쓴맛은 거부감의 대상이니 MSG를 첨가해 요리하면 식습관도 개선할 수 있다는 거지요.

또한 MSG 찬성 쪽 의견에는 척추동물들이 가장 많이 사용하는 흥분성 신경 전달 물질이 글루탐산이란 의견도 있습니다. 글루탐산에 의해 장과 뇌 사이의 생체신호 전달이 활성화되면서 위장 상태를 조절하는 신호가 작동된다는 거예요. 건강한 삶을 유지하는 데 MSG가 한 역할을 한다는 겁니다.

MSG에 대한 거부감이 계속되는 과정에 돌파구를 찾다 보니 국제글루탐산기술위원회(IGTC)란 단체까지 등장합니다. 물론 생산자들의 지원을 받겠지요. 이들은 MSG가 분명한 발효 물질임을 인정하며 안전성을 비교하면 소금보다도 우수하다고 주장합니다. 쥐를 대상으로 한 독성 실험을 통해 치사량을 비교한 결과, 소금을 3g 정도 먹었을 때 나타나는 독성이 MSG는 20g 가까이 섭취했을 때라지요. 독성만 따지면 아예 비타민C보다도 낮다고 주장합니다.

MSG, 그래도 많이 먹으면 안 된다

감칠맛을 5미에 오르게 한 미각 유전자를 확인한 과학자는 MSG는 농도가 높아지면 더는 감칠맛을 만들지 못해 의미도 없고, 건강에도 좋지 않다고 이야기합니다. 과학계에서는 누구나 동의하는 의견입니다. 인체에 해가 된다는 분명한 근거는 없지만, 제한 없이 많은 양을 먹어도 된다는 의미는 아니란 거지요.

인체에서는 글루탐산도 당연히 단백질 합성에 사용됩니다. 밀가루의 글루텐을 포함해 자연식품 속에 든 글루탐산이 몸속에서 부작용이나 병 같은 특별한 경우를 만든 적은 없습니다. GMO처럼 인간들의 손길이 끼어든 것도 아니고 단지 미생물에 의한 발효니 문제 삼을 수는 없다는 게 기본 입장이지요. 발효에 큰 역할을 담당한 미생물을 먹는 것이 아니고, 단지 처리해 놓은 산물이 글루탐산이란 거지요.

글루탐산이 신경 전달 물질 역할을 하는 걸 문제 삼는 경우도 있습니다. 인체에서 자유롭게 움직이며 뇌에 다가가 생리조절에 장애를 줄 수 있다는 거지요. 하지만 앞에서 얘기했듯이 뇌 혈류 장벽은 항생제를 포함해 특별한 물질들이 지나가는 걸 막습니다. 뇌에서 필요한 글루탐산은 포도당을 통해 스스로 합성한다지요.

그래도 해로움을 주장하는 측에서 한없이 집착하는 건 자연이 아닌 인공적인 글루탐산이 가질 수 있는 문제입니다. 가공식품의 첨가물에 분명하게 MSG라 밝히지 않는 게 가장 큰 문제라는 거지요. 법적인 문제를 피하기 위해 식물성 단백질, 화학 합성품 등으로 표기되면 소비자 입장에서는 혼란스러울 수밖에 없으니까요.

MSG 찬성 vs. 반대, 내 생각은?

MSG 찬성 측 의견을 정리하면, 천연 식품과 모유 속에도 포함된 글루탐산의 치사량은 설탕 수준이니 크게 문제될 게 없다는 것입니다. 오히려 문제는 과유불급, 지나치

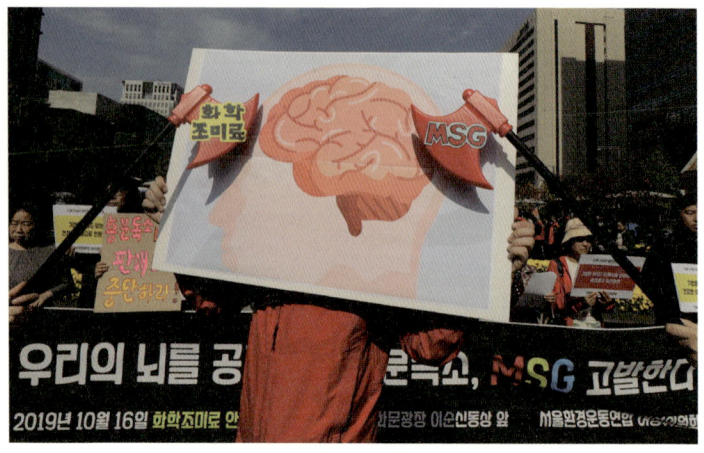

MSG를 반대하는 쪽에서는 MSG가 뇌에 다가가 생리 조절에 장애를 일으킬 수도 있으며, 법적으로 빠져나가기 위해 불분명하게 성분 표시를 하는 것도 큰 문제라고 한다. (사진·연합뉴스)

게 많이 섭취하지 말아야 한다는 뜻입니다.

그래도 MSG의 해로움을 주장하는 측에서 보면, 한없이 집착하는 건 자연이 아닌 인공적인 글루탐산이 가질 수 있는 문제입니다. 가공식품의 첨가물에 분명하게 MSG라 밝히지 않는 게 가장 큰 문제지요. 법적으로 빠져나가기 위해 식물성 단백질, 화학 합성품 등으로 표기하면 소비자를 혼란스럽게 하는 꼼수이니까요.

3부

설탕
단맛의 대표

단맛의 대표인 설탕. 식물에서 뽑아낸 천연 식품 설탕이 왜 문제 식품이 된 것일까? (사진·위키피디아)

언제부터 먹기 시작했을까

사탕수수 같은 식물에서 뽑아낸 단맛

미각도 자연선택으로 준비되었다고 했지요. 단맛·짠맛·쓴맛·신맛에 감칠맛을 포함하면 오미입니다. 쓴맛·신맛은 거부감 탓에 찡그림으로 시작하지만, 단맛·짠맛은 지나치지만 않다면 언제든 편안하지요.

그런데도 그 많은 먹거리 중에 하필 단맛의 대표 설탕이 왜 문제 음식에 포함된 걸까요? 설탕은 사탕수수나 사탕무처럼 광합성을 통해 양분을 만들어 저장하는 식물에서 뽑아냅니다. 자연에서 온 천연 식품이 분명한데, 도대체 뭐가 문제지요?

먼 옛날부터 '벌의 도움 없이 꿀을 만드는 갈대'라고 불린 사탕수수.
설탕은 사탕수수나 사탕무 같은 식물에서 뽑아낸다. (사진·위키피디아)

맞아요, 설탕은 햇빛과 함께 이산화탄소, 물로 자양분을 만들어내는 식물에서 나옵니다. 설탕의 기본 성분인 자당(수크로스)은 이렇게 식물이 자연 속에서 스스로 만든 건데, 그게 문제랍니다.

오랜 시간 인류 역사와 함께해 온 설탕

그리스·로마 시대부터 유럽인들을 사로잡은 향신료인 후추나 정향은 전쟁의 역사와 함께했습니다. 단맛의 대표 설탕도 예외일 수 없지요. 핏빛 역사를 단지 하얀 달콤함으로 바꾸려고 노력한 부분이 보일 뿐입니다.

역사 속의 설탕에 관한 기록은 세계 정복을 꿈꾼 알렉산더 대왕과 함께 등장하지요. 기원전 327년, 알렉산더 대왕의 군대가 페르시아를 차지하고 인도로 진격할 때 정찰에 나선 한 장군은 인더스강 강가에 '벌의 도움 없이 꿀을 만드는 갈대'가 자라고 있다고 기록합니다. 바로 설탕을 만드는 식물, 사탕수수입니다.

인도 벵골 지역에서는 알렉산더 대왕 이전인 기원전 1,500년경부터 사탕수수를 재배하고 이용했다는 기록이 있습니다. 연구에 따르면 이미 기원전 8,000년경부터 태평양 남서부의 뉴기니섬에서 사탕수수를 재배했다고 하니, 설탕은 오랜 시간 인류 역사와 함께했다고 봐도 되겠지요.

알렉산더 대왕과 지중해를 둘러싼 유럽의 권력가들도 당연히 인더스강 정찰대가 보고한 '꿀을 만드는 갈대'에 관심을 가집니다. 하지만 사탕수수는 열대성 식물이라 유럽에서는 재배할 수가 없었지요. 그래서 사탕수수의 산물

중세시대 때 유럽에서 사탕수수로 설탕을 제조하는 모습. 유럽에서는 설탕의 원료인 사탕수수가 자라지 않아 설탕이 귀족들이나 맛보는 호사품이었다.
(사진·위키피디아)

인 설탕은 아시아 남부의 특산물인 귀중품으로 자리 잡았습니다.

 이런 설탕이 서유럽까지 알려지게 된 건 시간이 꽤 흐른 뒤입니다. 지난 11세기에 일어난 십자군 전쟁에서 병사들은 처음으로 아랍 지역에서 설탕을 맛보지요. 이 귀한 꿀맛의 설탕이 서유럽인들에겐 단순 감미료보다는 약이란 생각이 더 강했습니다. 이후 이어진 중세시대는 봉건 제도로 농노가 급증하며 굶주림에 시달리던 시기지요. 이러니 달콤함에다 곧바로 에너지까지 얻을 수 있는 설탕은 다른 무엇보다 뛰어난 약이었습니다. 게다가 구하기도 쉽지 않았지요.

점차 만병통치약의 자리를 차지한 설탕은 유럽 귀족들의 호사품이었지요. 사탕수수 재배가 불가능한 상황이라 오로지 수입에만 의존하니 엄청나게 비싼 물품입니다. 공급이 수요를 따를 수 없으니 뭔가 방법을 찾아야 했지요.

식민지에서 흑인 노예의 노동력으로 생산되다

제국주의의 시발점인 지리상의 발견이 해결책을 제시합니다. 16세기 이후 유럽의 식민지가 된 서인도제도와 브라질 같은 열대 지역에서 플랜테이션 형태로 사탕수수 재배와 설탕 제조가 시작되지요. 원주민과 이주 노동자들의 값싼 노동력을 이용해 경제적 이익을 목적으로 사탕수수, 고무, 카카오, 담배, 목화 같은 단일 작물을 대량으로 재배하는 게 '플랜테이션' 농업입니다.

유럽 사람들은 식민지인 서인도제도와 브라질에서 흑인 노예들의 값싼 노동력을 이용해 사탕수수를 대량으로 재배하고 설탕을 제조하였다. (사진·위키피디아)

　이렇게 설탕에 빠져든 유럽인들은 더 많은 설탕을 생산하기 위해 노예무역을 시작합니다. 식민지를 중심으로 확장된 플랜테이션에는 더 많은 노동력이 필요했지요. 유럽의 식민지였던 아프리카인 노예가 등장합니다. 노예가 된 검은 노동자들은 채찍에 묻어나는 붉은 피를 닦으며 유럽인들을 위한 하얀 가루, 설탕을 만들어야 했지요. 플랜테이션 덕에 낮아진 가격으로 설탕은 이제 대표 감미료로 자리 잡게 됩니다.

설탕, 어떻게 만들어질까

단맛, 사람이 태어나서 처음 느끼는 맛

단맛은 오미 중에서도 사람들이 느끼는 맛의 시작입니다. 처음 접하는 단맛은 모유 속에 포함된 젖당이에요. 엄마 젖을 무는 순간 단맛 수용체가 작용합니다. 완전 음식이라는 젖에는 탄수화물도 꽤 들어 있지만, 대부분 락토스라는 젖당입니다. 물론 다른 포유동물의 젖 속에도 들어 있지만, 모유에 가장 많이 포함되어 있답니다.

이 달콤한 젖당의 기억이 마무리되는 시점이 이유식이지요. 쌀이나 감자, 밀가루 따위로 죽처럼 만든 이유식은 같은 탄수화물이지만 젖당 수준의 단맛을 바로 만들지는 못

자연에서 벌이 만들어낸 단맛, 꿀. 고대 이집트 때부터 꿀을 얻기 위해 벌을 기른 기록이 남아 있다. (사진·위키피디아)

합니다. 과일 속의 과당을 첨가해도 익숙해진 젖당에 미치지 못하니 적응에 꽤 많은 시간이 필요하잖아요.

그건 옛날 사람들도 마찬가지였지요. 그래서 예부터 사람들이 고민하며 찾은 게 바로 꿀입니다. 그리스·로마 신화를 보면 최고 신 제우스도 산양 젖과 꿀로 유아기를 보내지요. 고대 이집트에도 양봉 기록이 있으니, 벌이 만들어내는 신비의 꿀은 인류 역사와 함께했다고 볼 수 있습니다.

하지만 꿀을 얻으려면 침을 가진 벌을 상대하는 어려움

옛날 방식으로 설탕을 정제하는 모습. 사탕수수의 즙에서 불순물을 제거하고 오랜 시간 졸여서 설탕의 원료인 원료당을 얻는다. (사진·위키피디아)

을 이겨내야 하지요. 좀 더 편하게 얻을 수 있는 단맛이 필요한 상황입니다. 곡식을 이용한 조청, 단풍나무 시럽 같은 걸 마련하잖아요. 문명이 시작된 지역은 고온 다습한 환경이 아니어서 사탕수수는 볼 수 없었습니다. 단맛을 잔뜩 품은 사탕수수의 달콤함은 처음부터 세계화되지는 못했지요. 그저 인도나 수마트라 지역에서 사탕수수 줄기를 이용한 걸 확인할 수 있는 정도이지요.

사탕수수의 즙을 정제하여 얻은 설탕

　사탕수수 줄기에서 짜낸 즙을 졸여 설탕의 기본이 되는 누런 덩어리 원당을 만든 건 기원전 500년경입니다. 끈적끈적한 즙을 졸여 수분만 제거했으니, 마치 돌덩어리 같았지요. 그 모양 탓에 산스크리트어로 그냥 '샤르카라(sharkara)'라고 불렀는데, 아랍을 거쳐 유럽으로 넘어오면서 이름이 바뀌고 변하다가 '슈거(sugar)'에 이르지요.

　덩어리 원당을 정제해 지금처럼 설탕을 만들기까지는 꽤 오랜 시간이 필요했습니다. 처음엔 원당 덩어리를 깨뜨려 가루로 만들었지만, 점차 즙 상태에서 불순물을 제거하고 자당을 추출하지요. 하얀 자당 가루에서 설탕이 시작됩니다.

　19세기 이후에는 사탕무도 이용하니 설탕의 기본

메이플 시럽을 만들기 위해 단풍나무 수액을 모으는 모습. (사진·픽사베이)

은 사실 식물체의 즙입니다. 캐나다의 메이플 시럽은 원당 직전인 당밀이 포함된 단풍나무 수액입니다. 캐나다 국기의 한복판에 자리한 단풍나무는 추운 고위도 지역에서 사탕수수 역할을 대신한 셈이지요.

사탕수수나 사탕무 같은 식물의 줄기나 뿌리를 곱게 갈고 눌러서 즙을 짜내는 게 설탕 제조의 시작입니다. 찌꺼기가 포함된 즙을 가라앉혀 불순물을 제거하고, 남은 당즙을 졸이는 방법으로 더 진하게 만들면 자당 결정이 나오지요. 아직 끈적끈적한 상태인 당밀을 원심분리기에 넣고 돌려 속에 들어 있는 결정을 분리합니다. 여기까지가 재배 지역에서 이루어지는 첫 작업이에요. 이렇게 얻은 결정 덩어리가 바로 설탕의 기본이 되는 원료당입니다.

아직도 덩어리 표면에 남아 있는 당밀을 씻어내고 다시 녹여 시럽 상태로 만든 다음, 순수 자당만을 얻기 위해서 활성탄으로 불순물과 색소를 걸러냅니다. 활성탄 숯의 잔 구멍을 거친 액체는 무색투명합니다. 이렇게 남은 순수한 설탕 시럽을 진공 상태에서 가열해서 다시 농축시키고 결

설탕의 원료당인 자당 결정. 정제 과정에서 찌꺼기뿐만 아니라 미네랄조차 모두 빠져나가고 단맛만 남은 투명한 덩어리이다. (사진·위키피디아)

정을 만들면 비로소 설탕 덩어리가 되지요. 이 순수 자당 결정을 분해하고 건조한 게 바로 설탕입니다.

 속에 들어 있던 찌꺼기뿐 아니라 미네랄조차 모두 빼낸 이 결정은 단맛만 남은 투명한 덩어리입니다. 가루로 만들면 백설탕이 되고, 좀 더 가열하면 누런 황설탕, 캐러멜을 집어넣으면 끈적끈적한 흑설탕이 됩니다. 흑설탕이 몸 건강에 더 좋다는 말도 있지요. 하지만 미네랄조차 다 빼놓고 다시 캐러멜을 넣은 게 과연 더 좋을까요?

설탕의 정제 과정이 문제의 시작

정제란 건 불순물을 제거하는 과정입니다. 설탕 제조 과정에서 정제가 과연 적당한 표현일까요? 자당 덩어리의 정제, 요즘 사람들을 공포에 떨게 하는 하얀 가루, 설탕의 시작입니다. 이빨에 생기는 충치 탓만은 아닙니다. 단순하게 보면 그것도 한 부분은 될 수 있지만, 지나치다 싶을 정도로 많은 문제가 시작되는 게 이 정제입니다.

이렇게 정제된 설탕 성분은 탄수화물 중 이당류인 수크로스입니다. 벌이 식물에서 이걸 빼내 꿀을 만들지요.

탄수화물을 구분할 때 사용하는 기본 단위가 당입니다. 물에 녹으면서 단맛이 나는 포도당이나 과당은 당이 하나인 단당류입니다. 설탕의 주성분인 수크로스는 2개의 단당이 만나 결합한 것으로, 젖당, 엿당과 함께 이당류로 분류돼요. 이당류 역시 물에 잘 녹아 단맛을 내는데, 자당이라고도 부르는 수크로스는 약간의 수분에 당이 99.9%입니다.

오로지 남은 건 자당뿐인 설탕. 정제 과정 속에서 식물

찌꺼기, 색소만 빠져나간 게 아니라, 미네랄을 포함한 여러 영양소도 다 사라진 거지요. 영양소를 얻으려 먹는 음식물인데 이런 상태를 만드니 정제란 말이 어울리지 않습니다.

태어나 처음 경험하는 단맛, 락토스(젖당)도 자당과 마찬가지로 이당류입니다. 울다가도 젖을 물리면 편하게 잠드는 아기를 보면 단맛은 안정적인 상황을 만든다고 생각되지요. 단맛을 찾는 사람들의 욕구는 당연하고, 아예 생존 본능이란 주장도 있습니다. 이렇게 길든 단맛을 확보하기 위해 과일을 찾게 되었나요? 당연하면서도 자연스러운 단맛에 대한 추구로 사탕수수를 자르게 된 것입니다. 젖당의 숨은 기억을 인간들은 설탕인 자당으로 이어간 거예요.

설탕, 뭐가 문제일까

설탕이 가져온 병, 당뇨병

17세기 이후 늘어난 식민지에서 설탕 생산이 증가하자 영국에서는 설탕 가격이 많이 떨어집니다. 부자들만 먹던 설탕이 이젠 가난한 사람들의 식탁에도 오르자 설탕 소비량은 순간적으로 늘어납니다. 남아메리카의 플랜테이션 농장에 말라리아와 황열병에 저항 능력을 갖춘 아프리카 노예들을 더 밀어 넣으며 설탕의 생산량은 더욱더 늘어나지요.

이 시기에 때맞춰 등장한 게 바로 당뇨병입니다. 부자들의 오줌이 냄새와 함께 달짝지근해졌다고 정리한 의사의

설탕 생산량이 늘면서 값이 떨어지자 설탕의 소비가 가파르게 늘었다. 이는 결국 설탕 중독이라 할 수 있는 당뇨병을 불러오게 되었다. (사진·위키피디아)

기록에서 '설탕 염증'이란 병 이름까지 생겼습니다. 하지만 설탕 무역을 통해 돈을 벌어들이는 영국 왕실 입장에서는 난처한 상황이니 설탕을 빼고 대신 붙인 이름이 당뇨병이라네요.

이젠 설탕에 대한 제재도 생각해야 할 상황이 만들어진 거죠. 생산 과정의 노예 노동에 당뇨병이라는 질병까지 만드는 것을 그저 바라볼 수는 없습니다. 인류와 함께하는 많은 것들 가운데서 중요한 한 부분을 차지하는 게 설탕이니까요.

가장 달콤한 독

20세기 후반에 새로운 불안이 사람들을 흔듭니다. 설탕의 유해성이 제기된 거지요.

1972년 영국의 생리학자 존 유드킨이 심장병과 비만에 관한 연구를 하여 그 원인을 찾아 동물들을 대상으로 한 실험 결과를 담은 책 『설탕의 독(Pure, White and Deadly)』을 출판합니다. 'Pure, White'가 'Deadly'를 달았으니, '순수한 백색이 죽음을 데리고' 등장한 거지요.

화학 실험실에서나 찾을 수 있는 100%에 가까운 순물질이 '퓨어(Pure)'입니다. 여기선 99.9%의 수크로스, 설탕을 말합니다. 눈곱만큼의 영양가도 기대할 수 없고, 단지 열량만 준비된 정제당입니다. 비만, 심장병의 위험뿐만 아니라 이빨·눈·피부·관절·간 등 인체 곳곳에서 생기는 손상과 관련 있다는 게 실험 결과로 제시돼요.

우리나라에서는 『설탕의 독』이라는 제목으로 출간되었는

1972년 설탕의 위험성을 경고한 책 『설탕의 독(Pure, White and Deadly)』(왼쪽)과 책을 쓴 영국의 생리학자 존 유드킨(오른쪽). (사진·위키피디아)

데, 시간이 지나면서 점점 더 분명한 실험 결과를 제시하며 지금도 출판됩니다. 달콤한 독에서 벗어나야 하는 이유를 확인하고 싶은 사람들의 관심을 받고 있지요.

바로 이어진 1975년, 뉴욕포스트의 윌리엄 더프티 기자가 쓴 『슈거 블루스(Sugar Blues)』란 책에서 설탕은 공포 그 자체이지요. 윌리엄 더프티 기자는 설탕을 담배 속 니코틴이나 마약 헤로인보다 더 위험한 '이 시대 제1의 살인 물질'로 규정합니다. 생활 경험과 주변의 예를 묶어낸 이 책

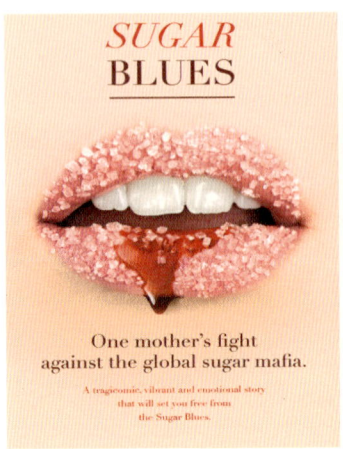 

1975년 설탕을 담배 속 니코틴이나 마약 헤로인보다 더 위험한 '이 시대 제1의 살인 물질'로 규정한 책 『슈거 블루스(Sugar Blues)』(왼쪽)와 책을 쓴 뉴욕포스트의 기자 윌리엄 더프티(오른쪽). (사진·위키피디아)

에서 설탕은 세상에 존재하는 가장 달콤한, 허가받은 독이지요. 몸과 마음에서 생기는 병 상태를 마약 중독 이상으로 규정합니다.

이제 일반인들도 누구나 편하게 설탕을 접하게 된 시기입니다. 몸속의 설탕은 중추신경을 자극해 신경 물질 도파민과 세로토닌을 끌어냅니다. 에너지와 의욕, 흥분에 관계되는 도파민과 안정감과 감정적 위로를 만드는 게 세로토

닌이니 단맛을 추구하는 인간의 심정을 이해할 수 있지요. 자극을 통해 이런 물질들을 분비하니 달콤함은 붕 뜬 상태의 안정감을 만들겠지요.

문제는 바로 이어집니다. 뭔가 좋지 않을 때 순간적으로 찾는 달콤함, 뇌는 세로토닌과 도파민의 분비를 원합니다. 수렵 채집의 시기부터 과일에 익숙해져 단맛에 길든 인류의 진화 유전자지요. 이게 바로 당 중독입니다.

윌리엄 더프티 기자는 당 중독은 마약보다 강한 내성으로 섭취하던 양으로는 만족할 수 없어 더 많은 양을 요구하게 된다고 봅니다. 도파민에 의한 만족감은 더 많은 당을 부르고, 이걸 정제 설탕으로 해결하게 되니 자기도 모르는 사이에 설탕 중독에 이른다는 거지요.

설탕, 찬성 vs. 반대?

설탕 탓이야

단맛은 젖당 덕분에 배움의 과정이 필요 없지요. 또 움직임의 기본 에너지가 바로 단맛(당)이니 계속 찾을 수밖에 없습니다. 에너지의 원천인 당은 수렵 채집의 석기시대에도 그만큼 중요했지요. 채집 생활의 기본이 된 게 과일입니다.

그런데 정제된 설탕이 이 역할을 차지하는 게 문제입니다. 다른 무엇보다 당뇨병입니다. 순수 자당은 특별한 소화 과정도 필요하지 않습니다. 먹자마자 혈액에 바로 포함되니 혈당 수치가 높아지는 건 당연하지요.

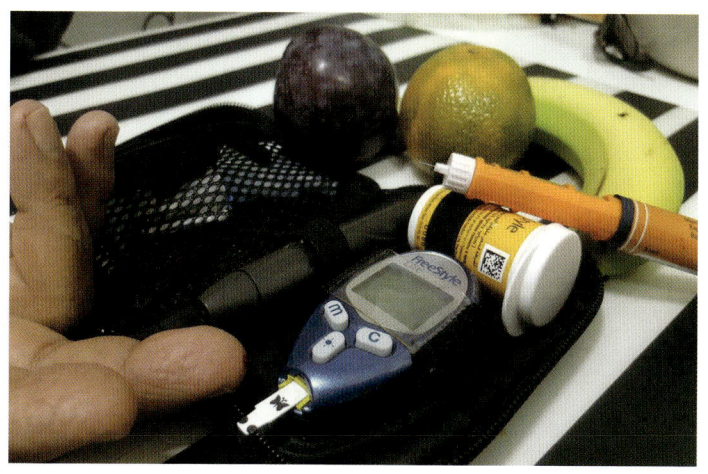
당뇨병을 검사하기 위해 핏속에 당이 얼마나 들어 있는지 측정하는 모습. 당뇨병은 고혈압, 뇌졸중 같은 여러 성인병의 원인이 된다. (사진·위키피디아)

항상성을 유지하려면 혈당 조절이 필요합니다. 평소보다 많은 인슐린이 분비되면서 당을 다른 성분으로 변화시켜 저장해요. 많이 분비된 인슐린이 혈액 속의 당을 빠르게 줄였으니 또 당이 필요하게 되지요. 그리고 전신 무력감과 함께 불안, 예민한 상태가 병적 수준으로 되풀이되는 저혈당 상태가 됩니다.

이러한 과정이 되풀이되면서 저장된 당은 비만으로, 계속된 저혈당 상황은 당뇨병으로 이어집니다. 높아진 혈당 탓에 끈끈해진 혈액은 정상적인 피 흐름도 방해하고, 대사 작용에도 문제가 생기지요. 대사 질환인 고혈압, 뇌졸중 같은 성인병의 원인입니다.

이것은 단지 시작일 뿐입니다. 체액의 대부분을 차지하는 혈액은 약알칼리성이지만, 설탕이 포함되면 산성 체질로 변합니다. 서서히 면역력이 떨어지니 다시 적절성을 찾으려고 항상성을 발동할 수밖에요. 약알칼리성을 유지하려면 체액을 중화시켜야 하는데, 문제는 이때 몸속의 미네랄이 필요합니다. 필요한 성분 중 하나가 칼슘입니다. 남았던 걸 사용하지만 그걸 다 쓰고 나면 문제지요. 산-염기의 평형을 맞추려니 결국엔 몸속 깊숙이 저장된 미네랄까지 쓸 수밖에 없습니다. 다른 기관을 이루던 걸 빼내 씁니다.

뼈를 이루는 물질 중 가장 많은 것이 칼슘이지요. 이걸 빼내니 당연히 뼈나 혈관에 문제가 생깁니다. 충치의 가능성이 나타나는 이 순간 설탕은 충치 균의 영양제가 되고, 함께 소화 과정에 사용된 비타민 결핍으로 이어지는 만성 피로도 무시할 수 없습니다.

미네랄이 남아 있는 비정제 설탕인 원당. 미네랄은 당의 분해를 돕고 소화 과정에도 꼭 필요하다. (사진·위키피디아)

이게 끝이 아니에요. 만물의 영장이라 으스대는 인간의 가장 확실한 무기는 뇌 기능입니다. 이 뇌 기능에도 문제를 만드는 게 설탕입니다. 많이 섭취하면 뇌세포 사이의 전달 능력이 떨어지며, 기억에도 문제가 생겨 학습에 한계가 생기지요. 저항력이나 면역 문제뿐만 아니라, 뇌 기능에도 영향을 주는 게 설탕입니다.

먹는 거라면 뭐든 꼭 필요한 상황이 과유불급! 지나치게 섭취하면 모자란 거보다도 문제가 되는 게 바로 설탕입니다. 그 탓에 찾는 것이 비정제 설탕, 말 그대로 생산지의 원료당입니다. 정제 과정이 없었으니 일정 정도의 미네랄이 남아 있겠지요. 비타민과 미네랄은 원당을 소화하는 데 필요한 물질입니다. 특히 미네랄은 당의 분해를 돕고 소화 과정에도 필요하니, 이것만으로도 미네랄이 들어 있는 비정제 설탕을 활용하는 이유는 충분한 것 같습니다.

설탕 덕이야

생태계의 막강 소비자 인간, 어떤 상황이든 먹어야 뭐든 할 수 있지요. 이걸 위해 몸속에 밀어 넣은 탄수화물은 당으로 분해되어 혈액에 포함되지요. 혈당이 많아지면 췌장에서 인슐린이 분비돼 온몸 세포로 당을 옮겨 활동에 필요한 에너지를 만듭니다.

적절한 혈당 수치가 유지될 때 정상적인 활동이 가능합니다. 그러니 인체는 활동 후에 남는 당은 필요할 때 다시 포도당으로 만들려고 간에 저장하지요. 설탕에 포함된 당도 마찬가지예요. 그런데도 허가받은 달콤한 독이 되는 설탕, 무엇보다도 별생각 없는 무분별한 섭취가 문제의 시작입니다.

지금은 필요하면 언제든 얻을 수 있는 설탕이 16세기 이전에는 거의 귀금속 수준이었지요. 권력의 상징으로 은과 비교됐고, 귀족들만 사용할 수 있는 귀한 약재였습니다. 약품, 장식품, 향료, 감미료, 보존료 등으로 기록에 남았고, 의학 교재에 '열병, 기침, 가슴의 병, 까칠까칠한 입술, 위장병 등에 효과'를 기록한 만병통치약입니다.

고대 이집트에도 설탕을 상처 치료에 이용한 기록이 보입니다. 설탕을 살균제로 이용했지요. 설탕은 소금과 마찬가지로 삼투압으로 살균 효과를 얻습니다. 아프리카에는 지금도 민간요법으로 남아 있는데, 그 효과를 과학적으로도 인정한답니다. 이 정도라면 순수 자당 설탕이지만 지금도 쓸모 있는 부분이 전혀 없진 않겠지요.

가장 많이 이야기하는 건 섭취 순간 인지 기능이 좋아져 기억력을 향상한다는 것입니다. 뇌 속에서 움직이는 포도당이 설탕 섭취 과정에 잠시 차단돼 순간 기억력을 높인

설탕은 음식의 맛을 높여 주고 순간 기억력을 높이거나 통증을 완화해 주는 등의 좋은 효과도 있지만, 되풀이되는 과잉 섭취는 건강에 해를 끼친다. (사진·픽사베이)

답니다.

또 먹을 때 순간적으로 느끼는 단맛은 통증을 잠시 잊게 해, 어린아이들이 다쳤을 때 사탕을 주는 것도 이런 의미이지요. 딸꾹질에도 혀 위에 각설탕을 올리면 신경이 단맛에 순간 반응하면서 효과를 볼 수 있답니다.

이뿐만 아니라 생선, 고기 요리에 설탕을 넣으면 양념이 잘 배고 비린내도 없애 맛난 음식이 가능합니다. 그래서인지 TV 요리 프로그램에서 진행자의 설탕 과다 사용을 비난하는 일도 있었지요. 또 설탕은 아주 고운 가루로 만들 수 있고 물에도 잘 녹아 미용에도 많이 이용합니다.

이렇게 설탕도 나름대로 좋은 효과를 가지지만, 문제는 한없이 되풀이되는 과잉 섭취입니다. 석기시대의 인류는 당을 과일이나 꿀을 통해 얻을 수 있었지만, 이젠 어디든지 설탕이 있는 환경입니다. 주변에서 설탕이나 과당이 안 든 식품을 찾을 수 없는 정도잖아요.

마약 수준을 넘나든다는 설탕 의존성, 이젠 전 지구적으로 안전 수준의 섭취 규정도 있으니 단지 해로움만 단정할 수는 없어요. 과잉 섭취 탓에 생기는 건강 문제가 설탕 유해성의 본질입니다. 술과 마찬가지로 설탕에도 국가 수준의 규제가 필요하다는 의견까지 있습니다. 어쩌면 설탕 과잉 섭취 문제의 근본은 무엇보다 지나치게 싼 설탕 값에서 시작되는 건 아닐까요?

설탕 대신 뭘 먹어야 할까

대체 감미료는 어때?

저절로 익힌 단맛을 막을 방법은 없지요. 문제는 설탕인데 이런 틈을 찾아드는 건 언제, 어디서나 꼭 있습니다. 여기선 설탕 대체 감미료입니다.

대체 감미료는 19세기 말, 사카린에서 우연히 시작되었으니 역사가 꽤 됐지요. 사카린은 MSG처럼 실험실에서 발견되었습니다. 연구실에서 실험하던 중 씻지 않은 손으로 빵을 먹던 과학자가 느낀 단맛이 시작이에요. 설탕의 약 300배 이상의 단맛, 비교할 필요조차 없는 생산비니 순식간에 자리를 차지합니다. 게다가 칼로리도 만들지 않고 그

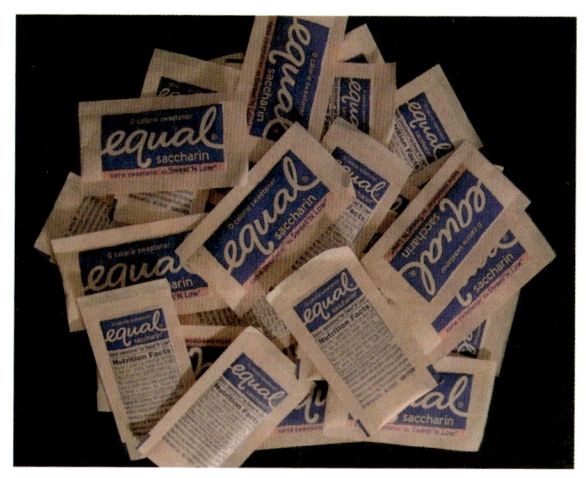

사카린이나 아스파탐 같은 인공 감미료는 설탕보다 단맛이 수백 배이지만 칼로리는 낮아 설탕을 대신할 대체 감미료로 사용된다. (사진·위키피디아)

냥 배출돼 당뇨나 비만에 대한 걱정도 없으니, 설탕을 대신할 최적의 물질입니다.

 하지만 1977년, 캐나다에서 사카린이 실험 쥐들의 방광암 가능성을 높였다는 실험 결과가 나오면서 사카린은 발암 물질로 둔갑합니다. 뒤에 지나치게 많은 투입량이 아니면 사람에게는 큰 문제가 되지 않는다고 밝혀지지요. 21세기에는 인체 무해 물질로 지정되지만, 일반인들은 아직 사카린을 안전한 물질로 쉽게 받아들이지 못합니다.

이젠 사카린의 대체 물질을 찾게 되지요. 그 시작은 GMO의 몬산토이지만 일본에서 사용이 시작된 아스파탐입니다. 단맛은 설탕의 200배지만 칼로리는 낮아 분명한 대체 감미료로 자리 잡습니다. 0kcal를 자랑삼아 인쇄한 제로 콜라를 비롯한 음료수와 여러 식품에 첨가제용으로만 사용하면 안전이 보장된답니다.

하지만 소비자들은 아스파탐도 MSG와 유사한 물질로 판단하지요. 적은 비용으로 더 분명한 단맛을 만드는 경제 효과, 당을 올리지 않으니 안전하다는 건 생산자 입장입니다. 설탕보다는 덜하지만 아직도 뇌 기능 장애를 포함한 위해성을 의심받는 상황이라 한 번쯤은 더 살펴보아야 할 게 '아스파탐'입니다.

그러나 대체 감미료는 건강이 우선 되는 탓에 많은 성장을 보입니다. 값싼 설탕에 비해서도 훨씬 낮은 가격으로 생산되어 생산자들에겐 고마운 게 화학 합성 감미료지요. 한국에서도 일일 섭취 허용량을 제시하며 사용됩니다. 여러 문제가 한없이 제기돼도 일일 섭취 허용량 정도라면 평

스테비아란 식물의 잎과 줄기에는 설탕보다 300배 달콤한 물질이 있어, 이를 가지고 설탕보다 훨씬 달면서도 칼로리가 적은 스테비오사이드를 만든다.
(사진·위키피디아)

생 섭취해도 인체에는 해로움이 없다는 게 인공 감미료입니다.

그런데 이걸로 설탕 문제를 해결했다고 자랑하면 뭔가 허전합니다. 인체의 건강이니 합성이 아닌 천연 물질이라면 좀 더 긍정적이겠지요. 단맛 식물 탐구가 이어지며 남아메리카 파라과이 주변을 주목합니다. 국화과의 스테비아란 식물 잎과 줄기에서 설탕보다 300배 달콤한 물질을 찾아내지요. 설탕에 비해 강한 단맛에 칼로리도 적어 '스테비오사이드'란 이름으로 일본을 중심으로 사용이 시작됩니다.

소화 과정에서 흡수되지 않고 배설되어 혈당에 영향을 주지 않으니 관심을 두지 않을 수 없지요. 당뇨병 환자들의 대용식으로 시작됐지만, 발암 물질 같은 몇몇 문제가 제기됐습니다. 여러 연구를 거쳐 사용 가능한 물질로 판정돼 지금은 재배 과정에 스테비오사이드를 투여한 토마토처럼 특별한 위치의 단맛을 만들고 있습니다.

이 정도에서 머물 단맛 욕심이 아닙니다. 한없이 이어진 탐구 속에 자연 물질로 합성한 감초의 잎줄기나 미라클프루트 열매 등에서도 천연 감미료를 끌어냅니다. 좀 특별한 건 자작나무 수액에서 단당을 분리해낸 자일리톨입니다. 단당인데도 충치 균을 막을 수 있다는 연구 덕에 껌의 대표가 되어 한없는 턱 움직임을 만들었지만, 효과를 보려면 하루에 4통 정도 씹어야 한다지요. 충치 예방이란 말은 사라집니다.

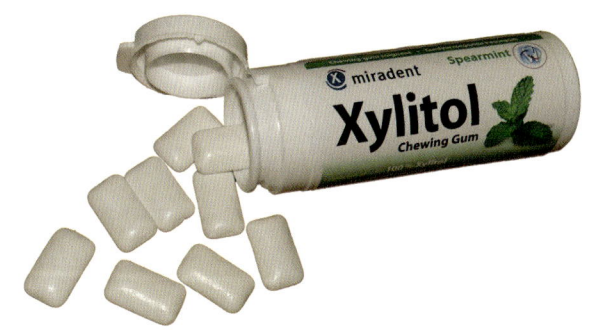

자일리톨은 자작나무 수액에서 분리해낸 단당으로, 충치 예방 효과가 있다는 껌의 재료로 널리 알려져 있다. (사진·위키피디아)

단풍나무 수액인 메이플 시럽이나 물엿도 요리용 감미료로 쓰이지요. 시럽은 수액, 물엿은 식혜를 가열해 얻는 엿당입니다. 달콤함은 설탕에 버금가지만, 열량이 워낙 높아 대체 감미료라 칭하는 데는 한계가 있지요.

하나 더 살펴볼 건 주방의 양념 칸을 열면 쉽게 찾을 수 있는 올리고당이에요. 올리고는 단당, 이당보다는 많지만 상대적으로 당이 적다는 뜻입니다. 물엿도 올리고당이지만 고열량이라 그걸 낮추려 대신 양파, 마늘, 콩, 과일 등에서 추출합니다.

올리고당은 설탕과 달리 액체 상태의 소당류라 소화 과

121

정에 에너지가 좀 더 필요하고, 장의 유산균 증식을 돕는답니다. 설탕과 비교해 인식은 좋지만, 상대적으로 비싼 생산비가 문제지요. 그러니 설탕이나 과당을 섞어 칼로리를 낮춰 기능성을 강조하는 경우가 많습니다. 비만이나 당뇨 탓에 건강 기능성을 부각해 사람들의 관심을 받고 있는 감미료입니다.

그래도 달콤함을 포기할 수 없다면

메이플 시럽이나 물엿은 사용을 제한하는 경우는 없지요. 하지만 설탕을 포함한 대부분의 감미료는 사용량을 제한합니다. 당의 최고 기능인 단맛과 피로 회복도 좋지만, 함께 건강도 챙겨야 하니까요.

일일 당분 섭취량은 인체의 대사 작용을 고려해야 합니다. 기초 대사량의 10%를 넘지 말아야 된다지요. 세계보건기구(WHO)의 권장량은 5% 정도입니다. 개인별 차이는 있지만, 성인의 일일 대사량은 2,000kcal 전후입니다. 설탕 1g의 열량이 4kcal입니다. 한국인의 하루 설탕 사용량 평

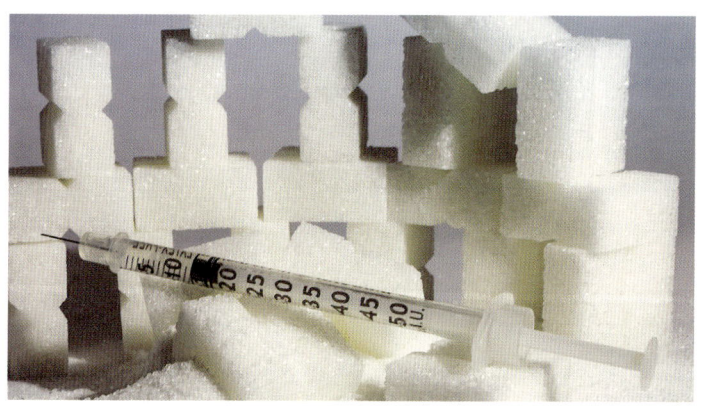

설탕이 뇌를 자극하면 편안한 기분을 만드는 호르몬인 도파민이 분비되고, 이는 뇌가 다시 단 것을 찾게 하여 설탕 중독을 일으킬 수도 있다. (사진·픽사베이)

균이 65g 정도라고 하니 10%를 훨씬 넘는 수준이지요.

몸의 경고를 떠올리며 살펴야 할 필요가 있습니다. 물질이 갖는 맛이 미뢰에 닿으면 조각 퍼즐처럼 수용체에 맞춰지며 뇌에 신호를 보냅니다. 맛 수용체엔 5미 각각의 열쇠 틈이 있지요. 인공 감미료는 설탕과 다른 분자 구조로 단맛 수용체에 훨씬 강하게 반응한답니다. 그러니 단맛에 대한 판단도 훨씬 강해져 더 달콤함을 느낄 수 있지요.

나도 모르게 달콤함을 찾는 경우가 있지요. 대개 피곤하거나 스트레스를 느낄 때입니다. 단맛은 안정감으로 괜찮은 상태를 만들기 때문이에요. 설탕이 뇌를 자극하면 편안한 기분을 만드는 호르몬인 도파민이 분비됩니다. 뇌는 단순한 판단으로 단 것을 찾을 수밖에 없지요. 문제는 도파민이 흡연 같은 중독과 관련된 호르몬이란 거지요. 담배와 마찬가지로 단맛도 필요한 경우에 자꾸 뇌를 자극한다는 겁니다.

설탕을 많이 먹으면 바로 혈당 조절이 필요합니다. 높아진 인슐린의 저항은 혈당만이 아니라 뇌세포에도 영향을 주면서 인지 기능에도 문제가 생긴답니다. 기억력과 학습 능력에도 영향을 주지요.

문제는 앞서 살펴본 설탕 중독입니다. 호르몬은 단맛을 요구하고 이게 되풀이되면서 단맛이 없이는 배부름도 느끼지 못하는 경우이지요. 분해 과정도 없이 바로 흡수되는 단순 당인 설탕에서 얻을 수 있는 건 칼로리가 다입니다. 혈당을 이야기하기 전에 미리 이를 인식하고 비타민, 섬유질이 풍부한 음식을 함께 섭취하는 습관이 필요합니다.

소금
음식 맛의 기본, 짠맛

소금은 음식 맛의 기본인 간을 맞추는 데 필수적이며, 우리 몸에 꼭 필요한 미네랄이기도 하다. (사진·위키피디아)

가장 소중한 미네랄, 소금

우리 몸속에도 소금이

이번 주인공은 음식에서 빠질 수 없는 소금입니다. 설탕처럼 정제가 걱정되나요? 어쨌든 인간이 먹는 음식이니 짠맛에 매인 사람들부터 먼저 보지요.

70%가 물로 이루어진 지구에서 살아선지 인체도 마찬가지입니다. 우리 몸의 70~80%가 물이지요. 식탁 위엔 알갱이로 놓인 소금도 우리 몸속에서는 용해되어 체액에 포함됩니다. 체액의 1% 남짓이니 생각보다는 적지요. 지상의 다른 동물들도 비슷한데, 문제는 염분이 부족하면 두통, 무기력증 등의 증상을 느낀다는 점입니다.

체액 속에 포함돼 땀이 마르면 허연 흔적이 남고, 어쩌다 맛보는 눈물도 찝찔하지요. 소금은 혈액뿐 아니라 다른 체액에도 포함됩니다. 생명의 시작이 바다라선지 땅 위로 올라온 모든 동물의 체액을 살펴보면 바닷물만큼은 아니어도 미네랄 중 가장 많은 건 소금입니다.

광산에서 캐내는 암염

미네랄 워터를 비롯해 자주 보고 듣는 게 미네랄입니다. 쉽게 말하면 쇳가루 같은 광물질인데, 그걸 먹는다고 하니 좀 그렇지요. 미네랄은 빈혈 걱정에 먹는 약에 든 철분(Fe), 영양제 광고에 등장하는 아연(Zn), 마그네슘(Mg) 같은 것들입니다. 광산에서 캐내는 광물질이 미네랄입니다.

미네랄 물질은 세포 체액에 골고루 분포해 대사 작용에서 중요한 역할을 합니다. 칼슘(Ca)이나 아연, 마그네슘 등은 음식물이나 약재를 통해 섭취합니다. 많은 미네랄 중에서 요리 과정에 필요한 건 소금밖에 없어요.

하지만 소금을 광산에서 캐낸다는 게 쉽게 이해되지 않

광산에서 캐내는 암염. 지각 변동으로 생긴 소금 덩어리가 땅속에 묻혀 있는 것이다. (사진·위키피디아)

지요? 바닷가 염전이 익숙하니 다소 낯설지만, 사실 인류가 처음 만난 소금은 이런 암염입니다. 마트에 가 보면 히말라야 소금도 찾을 수 있지요. 지각 변동으로 생겨난 소금 덩어리를 땅속에서 찾아 파낸 게 암염입니다.

2차 세계대전 때 유대인이 비극을 겪은 아우슈비츠 근처에 과거 폴란드의 수도였던 크라쿠프라는 큰 도시가 있습니다. 여기엔 폴란드를 찾은 외국인이면 꼭 방문하는 인공 동굴이 있지요. 바로 소금 광산! 소금을 파냈던 이 동굴에

폴란드의 소금 광산에 들어가면 암염으로 만든 조각품들이
동굴 속 성당 벽면을 장식하고 있다. (사진·위키피디아)

는 큰 성당까지 있답니다. 사람들이 모여 예배 보던 곳에 만든 성당 벽면에 장식된 조각 작품을 살피다 보면 소금 광산의 신비감이 안타까움으로 변한답니다. 소금 파내기에 강제 동원돼 죽어간 아우슈비츠 유대인들이 상처에 뿌려진 소금의 고통처럼 다가온다지요.

 성경 속에는 천사의 말을 거역해 소금 기둥이 되는 롯의 아내도 있지요. 소돔과 고모라의 멸망은 화산 폭발 탓으로 보지만, 용암을 뒤집어쓴 돌덩이를 소금 기둥으로 표현했습니다. 이 근처에 소금물 바다, 사해가 있지요. 사해는 '죽은 바다'라는 뜻입니다. 이름엔 바다가 들어 있지만, 사실은 호수입니다. 예전엔 바다에 이어졌지만 지금은 그냥 호수 상태인데도 왜 소금물일까요? 바로 빗물에 녹은 땅속의 소금이 계속 흘러들어온 결과입니다.

히말라야산맥처럼 대륙의 움직임 속에 바다였던 곳이 솟아오르며 육지가 돼 그 속에 포함된 게 암염입니다. 사해는 건조한 지역이라 들어오는 물보다는 증발하는 양이 많아 짠 소금물이 돼 사람이 누우면 둥둥 뜰 정도라지요.

우리나라에는 그 정도의 염분이 포함된 지역은 없어 땅속의 돌소금은 볼 수 없답니다. 땅에서 캐는 게 아니라 바닷물을 증발시킨 천일염이 우리나라 소금입니다. 염전은 일제강점기인 20세기 들어 나타났답니다. 예전의 소금은 염전의 천일염이 아닌 자염이에요. 자염은 소금이 많이 포함된 갯벌 흙을 파헤치며 들고 나는 바닷물을 모아 염분을 높여 흙과 함께 솥에 끓여서 얻는 소금입니다.

광산이든 염전이든, 아니면 우리나라 고유의 자염이든

바다처럼 소금물로 이루어진 호수, 사해. 물속에 녹아 있는 소금의 양이 많아 사람이 누우면 저절로 둥둥 뜰 정도이다. (사진·위키피디아)

소금 생산은 결코 쉬운 작업이 아니었지요. 그러나 소금은 생명 유지에 꼭 필요하니 귀한 것이었고요. 그래서 소금은 대부분 지역에서 국가나 왕가의 관리 품목 중 하나인 전매 물품으로 역사 속에 기록됩니다.

치열한 소금 쟁탈전의 역사

아메리카의 역사는 말 그대로 소금 전쟁의 역사입니다. 스페인과 영국의 바다 쟁탈전이 소금 주도권 잡기로 연결

된 결과지요. 식민 자본을 마련하는 데 소금만큼 분명한 게 없었으니 말 그대로 각축장이었습니다. 남아메리카는 바로 소금의 지배권을 차지하기 위한 전쟁터였습니다. 미국의 독립전쟁에 맞선 영국의 대처 방법 중 하나도 소금 봉쇄령이었지요.

영국이 제국주의 침탈에서 주목한 게 소금입니다. 영국의 인도 식민지 지배 앞잡이였던 동인도회사는 값싼 노동력을 이용해 천일염을 만들어 전매 물품으로 지정해 높은 세금을 매깁니다. 세금 탓에 비싸진 소금을 인도인들은 쉽게 구할 수 없게 되지요.

이 인도 민중의 고통에 함께한 사람이 간디입니다. 인도의 소금이니 당연히 인도인의 것임을 내세우며, 비폭력 무저항의 한없는 걷기 투쟁으로 이어지지요. 소금 세금을 거부하며 영국에 대한 저항 운동으로 시작된 게 인도 독립 운동입니다.

짠맛에 익숙한 인류라 소금 탓에 일어난 전쟁 수준의 다툼도 잦았지요. 기후 변화로 몽골계 훈족이 남하하며

간디는 영국이 식민지 인도에 매긴 비싼 소금 세금에 항의하기 위해 무저항 걷기 운동을 펼쳤다. (사진·위키피디아)

바닷가 습지로 밀려난 베네치아는 소금으로 강소국의 자리를 지킵니다. 바닷가 낮은 땅에 염전을 만들어 천일염을 제조해 유럽에 팔아 공국의 기반을 만든 거죠. 누구나 가고 싶어 하는 베니스가 만들어지는 데 큰 역할을 한 게 소금입니다. 이 과정에서 제네바와 유럽이 소금 주도권을 놓고 전쟁까지 준비합니다.

소금은 이렇게 확실한 이익을 보장하는 무역품이었지요. 지중해의 해적들이 노린 게 소금 운반선이었다지요.

16세기 말 네덜란드의 스페인 독립 전쟁에서도 소금이 한 역할을 합니다. 네덜란드는 이베리아반도의 소금 생산지를 봉쇄해 스페인에 막대한 타격을 주지요. 이후 네덜란드는 아메리카 서인도제도의 소금을 독점해서 경제력을 쌓으며 해상을 지배합니다. 1611년에는 '소금 성' 잘츠부르크를 차지하기 위해 독일과 오스트리아가 싸운 소금 전쟁도 있었습니다.

평양 감사보다 소금 장수?

전 세계 곳곳에 소금이 들어간 지역명이 꽤 많습니다. 한자의 '염(鹽)'이 소금이란 건 알고 있지요. 중국이나 한국에 있는 염정, 염장, 염소, 염호 같은 지명은 오래전부터 소금과 관계된 곳들입니다. 김포공항 근처 한강 변의 염창동은 소금 창고가 있던 곳이지요.

유럽도 마찬가지로 독일어권에서는 '할레(Halle)', 영어 지역에서 '위치(-wich)'가 소금 지역이었습니다. 독일 한복판에는 소금 거래의 중심 도시 할레(Halle)가 있고,

오스트리아의 할슈타트(Hallstatt)도 소금으로 탄생한 곳입니다. 이게 영국으로 가면 꼬리말 위치(-wich)로 변합니다. 웨스트브롬위치(West-Bromwich)에 드로이트위치(Droitwich), 노르위치(Norwich) 같은 곳이지요.

이후 등장한 '샐러드'처럼 글자 앞에 'sal'이 붙는 건 소금과 관련된 먹거리들이지요. 월급을 뜻하는 말 '샐러리(salary)'는 로마 시대 병사들에게 봉급으로 소금을 지급한 데에서 시작됐답니다.

티베트와 중국 운남을 연결하는 차마고도의 시작점은 염정이란 곳입니다. 우물에서 물을 길어내 증발시켜 소금을 만드는 곳이었지요. 여기서 생산한 소금은 먼 거리 여정의 필수품으로 티베트인들에게 전해집니다.

이렇게 분명한 역할을 확보한 소금은 동양이든 서양이든 지역을 가릴 것 없이 생산자는 원하지 않아도 분명한 자리를 차지할 수 있었습니다. 소금이 떨어져 한없이 기다리다 보니 오죽했으면 '평양 감사보다는 소금 장수'란 말까지 생겼을까요.

소금, 어떻게 만들어졌을까

소금의 시작은?

미네랄 소금의 원조를 찾으려면 지구 탄생까지 가야 합니다. 부글부글 끓는 암석의 바다인 초기 지구, 대기 중엔 물에 녹으면 염산이 되는 무시무시한 물질 염화수소(HCl)가 꽤 많았지요. 쉼 없이 끓는 마그마 바다에는 수산화소듐($NaOH$)도 있습니다. 공기와 접하는 면에서 두 물질이 만나 합성된 게 염화소듐($NaCl$)입니다.

워낙 뜨거워 합성되며 증발했던 염화소듐은 기온이 점차 낮아지며 쏟아진 비에 포함돼 지구로 돌아옵니다. 지표면은 서서히 굳어가고 여러 물질이 비에 녹지요. 점차 만

천일염을 만드는 염전. 햇볕으로 바닷물을 증발시키면 녹아 있던 소금이 결정으로 남는다. (사진·위키피디아)

들어지는 물바다, 염소 이온(Cl^-)과 소듐 이온(Na^+)이 만나 합성된 소금도 녹은 상태로 포함됩니다.

땅속에 머물며 지구에 남아 있던 소금도 용해되어 바닷물에 들어갑니다. 물론 그냥 암염으로 땅속에 남을 수도 있고, 계속된 지각 변동 속에 다시 퇴적층 소금으로 남습니다. 대륙의 움직임으로 유라시아 대륙판과 인도 판이 부딪히면서 바다였던 지역이 솟아오른 게 바로 히말라야산맥입니다. 물이 증발하고 결정으로 남은 소금이 땅속에 자리 잡으니 히말라야 소금이 됐지요.

바닷물 속에는 염화소듐만 존재하는 게 아니라 마그네슘이나 칼슘과 결합한 또 다른 염류도 함께합니다. 그러니 바닷물을 증발시켜 만든 천일염에서는 염화소듐만이 아닌 또 다른 염류도 섞여 있어 짠맛뿐 아니라 쓴맛도 납니다. 별수 없이 소금도 정제를 통해 염화소듐 중심의 정제염을 만듭니다. 그게 꽃소금입니다.

소금, 대사 작용의 기본

인체의 대사 작용과 식생활의 바탕이 소금이니 일상의 기본을 규정할 때도 자주 보입니다. 생활 속 여러 은유에도 종종 등장하니 소금이 그만큼 필요하다는 거지요. 썩지 않는 소금은 성경에서 인간에 대한 하늘의 사랑, 인간들 사이의 계약에 대한 증거입니다.

소금은 암염 덩어리로 땅속에 박혀 있어도 물에 잘 녹습니다. 그러니 식물들이 흡수하는 물속에도 적은 양의 소금이 들어 있어요. 먹이 연쇄로 초식 동물들의 체액에 소

바위 절벽을 오르내리며 살아가는 산양은 바위를 자주 핥아 부족한 소듐을 보충한다. (사진·위키피디아)

금이 공급되고, 육식 동물로 바로 이어집니다.

  몸집이 큰 소는 필요한 열량을 얻으려면 하루 내내 씹어 댈 정도로 엄청난 양의 풀을 먹습니다. 문제는 풀 속의 칼륨이 소듐을 밀어내니 초식 동물들은 또 다른 방법으로 필요한 소듐을 채워야 한다는 점입니다. 바위 절벽을 오르내리는 산양은 바위를 핥아요. 부족한 소듐을 보충하는 방법이랍니다.

  이렇게 지상 동물들과 소금을 연계하면 그 시작을 분명

수렵 채취 시기의 인류는 동물의 내장을 통해 몸속의 소금을 보충했다.
지금도 북극 지방에 사는 에스키모는 사냥한 동물의 내장을 통해 소금을 섭취한다.
(사진·위키피디아)

하게 추정할 수는 없지만 인간과 소금의 관계를 찾을 수 있지요. 먹거리를 위해 온갖 천지를 헤매던 수렵 채집 시기의 주된 식단은 채식보다는 육식이었습니다. 그것도 살코기인 근육이 중심인 지금과는 달랐어요. 쉽게 잡는 게 아니니 확보한 동물의 내장도 식량의 한 부분입니다. 특별히 다른 방법으로 소금을 취할 수 있는 상황은 아니었으니 소금기는 이렇게 어느 정도 확보했지요. 북극 지방에 사는 에스키모는 지금도 사냥한 동물의 내장을 버리지 않아요.

신석기 혁명으로 농경과 함께 정착 생활이 시작되며 먹거리는 수렵에서 좀 안정된 상태로 곡식이 중심이 됩니다. 문제는 육식과 비교해 염도가 상대적으로 떨어지는 데서 생기지요. 채식이 중심이 되면 체액 속에 늘어난 칼륨이 소듐을 밀어내니 대사의 균형을 위해 소금이 더 필요한 상황입니다.

앞에서 살핀 대로 사람의 유전자 중엔 미각 수용체도 있지요. 짠맛을 좋아해 마련된 게 아니고, 적절한 소듐 농도의 조절이 대사에 중요한 부분이기 때문에 있는 것입니다. 짜게 먹으면 적정 농도를 만들려니 그만큼 물을 더 마시잖아요. 반대로 운동 경기나 산행처럼 격한 움직임으로 땀을 많이 흘리면 물만 아니라 약간의 짠맛이 필요하지요. 이런 상황을 해결하려 등장한 게 이온 음료입니다.

이렇게 곡물과 채소가 주식으로 자리하면서 인류는 당연히 소금이라는 식자재를 찾아 준비해야 할 상황을 마주한 거지요. 대사 작용의 기본인 소금, 그만큼 인체에 꼭 필요한 물질입니다.

| 음식을 보관, 저장하고 간도 맞추고

세상의 소금이 되어라?

설탕의 단맛은 대체할 게 꽤 많지만, 오직 혀에서만 느끼는 소금의 짠맛은 대신할 게 없어요. MSG로 소금 사용량은 줄일 수는 있다지만 대체할 건 아직 없습니다.

그래선지 예수님도 제자들에게 세상의 빛과 소금이 되라고 요구합니다. 빛은 몰라도 짠맛이 사라진 소금은 그저 쓰레기이지요. 보이지는 않지만 다른 무엇으로도 흉내 낼 수 없는 소금의 가치를 세상에서도 간직하라는 겁니다.

소금은 맛과 함께 먹거리를 저장, 보존할 수 있는 또 다른 가치도 있지요. 소금을 통한 염장 절임입니다. 한국의

소금은 음식을 저장, 보관하는 역할도 한다. 김장김치는 소금을 이용한 염장 절임의 대표 음식이다. (사진·위키피디아)

김치와 장아찌, 중국의 파오차이, 일본의 다꾸앙, 쯔케모노 같은 음식의 공통점은 채소를 소금에 절인 거죠. 서양의 피클, 사워크라우트도 마찬가지예요. 동양과 비교해 소금과 함께 식초를 좀 더 많이 넣는 게 차이입니다.

이런 염장은 가장 오래된 음식 보존 방법 가운데 하나랍니다. 생선이나 고기 같은 식자재에도 소금을 뿌리거나 소금물에 절이지요. 소금의 농도가 높아지면 박테리아나 곰팡이를 포함한 미생물이 살아갈 수 없으니 냉장고 이전의 보관 방법 중 하나입니다. 중세의 네덜란드는 쉽게 상하는 청어를 염장해 국가를 유지할 수 있었다지요.

염장은 소금의 농도 차이로 일어나는 삼투압을 이용합니다. 삼투압은 막으로 나뉜 두 액체에서 염도 차이가 있을 때 나타나지요. 낮은 농도의 용매가 막을 통과해 높은 쪽으로 옮겨가며 농도가 같아질 때 막이 받는 압력이 삼투압입니다.

뻣뻣하던 배추나 탱탱한 무가 소금물에 절여지면 부드러워지지요. 소금물과 무, 배추 세포 속의 염도 차이로 생긴 삼투압의 결과입니다. 무, 배추 세포에 든 물이 소금물로 이동하며 같은 염도를 만들지요. 세포 속의 물이 줄어들며 소금의 농도는 높아지니 미생물이 번식할 수 없는 환경이 됩니다.

간이 맞아야 제맛!

음식 맛을 결정하는 '간', 소금이나 간장을 대신하는 말이지요. 하루에 세 번은 살피니 일상생활에서도 자주 등

소금으로 음식의 간을 맞춘다. 소금의 짠맛은 음식 맛의 기본이다.
(사진·위키피디아)

장합니다. 간 보는 게 세상살이의 일부입니다. 짠맛의 기본인 소금을 활용해 조미 수준으로 향상한 게 간장입니다. '간이 맞아야 제맛!'이란 말이 있지요. 이 짠맛 정도를 가늠하는 간 보기가 음식을 벗어나 일상의 한 부분인 걸 보면 삶에서 소금이 차지하는 정도를 판단할 수 있습니다.

 신석기시대 농업혁명과 함께 시작된 소금에 대한 갈망입니다. 제맛을 유지하는 건 생각보다는 쉽지 않았지요. 소금은 편하게 얻을 수 없는 상황이고 꼭 필요한 게 짠맛이니, 많은 보상까지 제공하며 마련한 게 소금입니다.

이후 소금은 당연히 국가 수준의 전매 물품이 되었지요. 권력으로 생산과 판매를 완전히 독점하는 게 전매입니다. 전매 물품은 돈이 있더라도 끼어들 수 없으니 경쟁은 없었던 게 인류 역사 속의 소금입니다.

지금은 따질 필요가 없을 정도의 가격이니 큰 부담은 없습니다. 선택의 폭도 한없이 늘어나서 같은 짠맛의 소금인데도 간 보며 구매하지요. 부쩍 늘어난 외식과 가공식품이 중심이 되는 매식은 판매자들의 맛 경쟁 속에 이런 간 보기 상황을 부채질합니다.

소금, 찬성 vs. 반대?

소금이 무슨 문제인가?

이런 소금이 공포의 문제 음식에 포함되어 건강의 적이 되었습니다. 태어나면서 젖당으로 혀에 익혀진 단맛을 유지하는 게 설탕이라면, 소금의 짠맛은 사회생활 속에서 터득한 건가요?

생명의 기원이 바다란 걸 생각하면 쉽지요. 지금은 땅 위를 걷지만, 바다에서 시작된 생명체이니 체액은 그 수준에서 벗어날 수 없습니다. 육상 동물의 체액에 가장 많은 미네랄이 바닷물과 마찬가지로 소금이지요. 단맛에 끌리는 거와 다름없이 소금의 짠맛 추구도 기본입니다. 하나 더 살

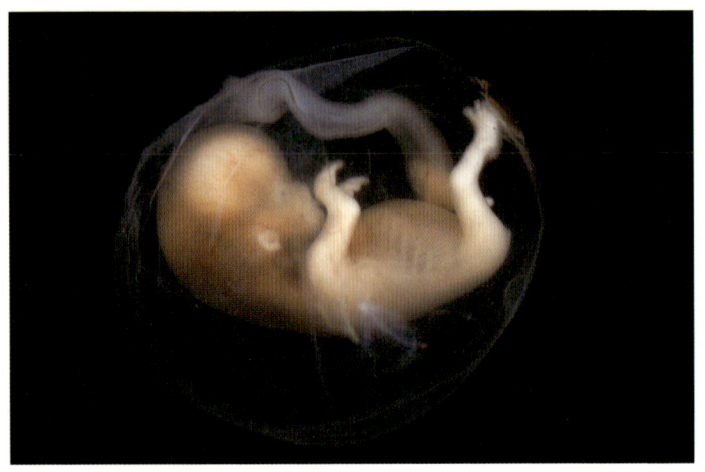

엄마 뱃속의 양수에 들어 있는 10주 된 태아. 이처럼 인간은 소금이 포함되어 있는 엄마 뱃속의 양수에서 생명을 시작한다. (사진·위키피디아)

피면 단맛보다도 앞서는 짠맛을 분명하게 확인할 수 있습니다. '내가 시작된' 엄마 뱃속의 양수 역시 체액이니 소금이 포함되어 있습니다. 생명이 그 속에서 시작됐습니다.

그만큼 소중한 소금이 지금 공포의 대상이 되는 원인은 소듐 탓입니다. MSG의 소듐, 나트륨이라고도 부르잖아요. 소금은 합성 물질 염화소듐이니 40% 정도가 소듐입니다. 체액에서 일정 농도를 유지하며 세포의 삼투압, 혈압에 관계되고 신경 회로에도 중요한 부분을 차지하는 대사 작용의 필수 물질이 소금이지요.

과잉 섭취가 문제다

소금이 없다는 건 상상할 수 없지만, 문제는 역시 과잉 섭취입니다. 콩팥에서 세포 속의 소듐 농도를 조절하는데, 지나친 섭취는 이 대사 작용에서 문제가 돼요. 정상적으로 소변 배출이 이루어지지 않으면 소듐은 당연히 체액에 남아 심장과 혈관에 부담을 줍니다. 곧바로 고혈압을 비롯한 심장병, 뇌졸중, 신장 질환 같은 대사 질환의 원인이 되지요.

소금을 오랜 기간 많이 섭취하면 심장, 신장 활동에 문제가 됩니다. 혈압이 오르며 뇌졸중과 심근경색이 나타날 수 있고, 위암을 포함한 성인병의 발병 가능성도 높인답니다. 체액의 0.9% 정도인 소금, 여기서 ±0.1%를 벗어나는 상황이 되면 생명에도 영향을 줄 수 있답니다. 한없이 되풀이되는 과유불급, 역시 지나칠 때 나타나는 문제입니다.

육식과 비교해 채식 비중이 크면 소금 섭취가 상대적으

로 늘어납니다. 우리나라의 음식 문화가 대표적인 예이지요. 육식은 곡식 위주의 농경 사회에서는 특별한 경우이니 고기를 통한 소금의 간접 섭취가 적습니다. 우리나라에서는 김치에 된장, 간장처럼 소금이 기본인 음식이 일상식에 포함됩니다. 소금의 하루 평균 섭취량이 13g 정도로 기록되니, 세계보건기구(WHO) 권장량인 하루 5g의 거의 세 배에 이릅니다. 하루 중 눈물, 콧물, 땀으로 배설되는 소금의 양이 1~2g 정도이니 분명한 과잉 섭취지요.

소듐의 일상적인 섭취는 꼭 필요한 부분입니다. 혈압에 영향을 미치는 정도는 아주 적고, 개인차가 심하니 섭취량을 제한하거나 대사성 질환이나 생명에 관계시키는 건 의미가 없다는 주장도 있습니다. 하지만 허준 선생도 『동의보감』에서 소금이 귀한 지역인 서북 사람들이 바닷가인 동남 지역 사람들보다 장수한다고 했답니다. 욕망의 단맛이 아닌 생존을 위한 짠맛인 소금이지만 과유불급(過猶不及), 지나침은 모자람만 못하다는 걸 반드시 기억해야 합니다.

5부

탄수화물
쌀과 밀가루

쌀과 밀가루는 대표적인 탄수화물이다. 탄수화물은 주 영양소로
우리 몸에 꼭 필요한 음식이다. (사진·위키피디아)

탄수화물이란 무엇일까

생명 유지에 꼭 필요한 음식

앞에 나온 설탕과 소금은 우선 맛이었지요. 하지만 단지 맛 때문에만 음식을 먹는 건 아닙니다. 생활에 필요한 에너지를 준비해야 하고, 또 몸을 이루는 물질도 공급해야 합니다. 하루 세끼 중 한 번이라도 거르면 좀 힘들지요. 사람들이 겪는 많은 고통 중에 가장 참기 힘든 게 배고픔입니다.

사람들에게 먹는 이유를 물어보면 가장 쉽게 나오는 대답은 '배고프니까'입니다. 비어서 고픈 소화 기관은 어디일까요? 좀 넓은 배, 들어온 음식이 처음 머무는 곳은 위,

우리의 주식인 밥을 만드는 쌀. 쌀과 밀 같은 곡식은 밥과 빵의 기본 재료로 생명 유지에 꼭 필요한 음식 가운데 하나이다. (사진·픽사베이)

음식을 기다리다 고픈 곳입니다. 음식물은 여기서 잘게 부서져 소화액과 섞이면서 4시간 정도 머뭅니다.

음식물이 다음 기관으로 이동하면 텅 비니 허전해서 배가 다시 고프지요. 이렇게 위가 고픈 상황을 되풀이하며 다시 채우는 과정이 끼니입니다. 생명 유지와 성장, 번식이 유기체의 바탕이지요. 이 끼니를 담당하는 게 음식물이니 곡기란 말도 생겼지요. 음식물의 한 축인 곡식은 밥과 빵의 기본 재료로 생명 유지에 큰 역할을 하지요.

탄수화물은 우리 몸의 주 영양소

여기서 먼저 짚고 갈 게 있지요, 바로 영양소! 늘 먹는 음식물 속에 든 갖가지 화합물들을 비슷한 것끼리 묶은 게 영양소입니다. 몸체를 이루는 세포를 만들고, 살아가는 데 필요한 에너지를 공급하지요.

우리 몸속에서 대사 작용을 통해 에너지를 만들어 공급할 수 있는 물질들은 주 영양소입니다. 물론 이 중엔 에너지뿐 아니라 인체 기관을 구성하고 생리 작용을 조절하는 호르몬 역할을 하는 물질도 있습니다.

단백질, 지방, 탄수화물을 3대 영양소라고 합니다. 인간이 섭취하는 음식물의 90% 정도를 차지합니다. 그중 탄수화물은 대부분 에너지를 만드는 데 사용하고, 인체를 구성하는 데 쓰이는 건 1% 정도로 매우 적어요.

주 영양소라도 만들어내는 에너지 정도는 차이가 있습니다. 탄수화물과 단백질은 1g으로 4kcal 정도의 열량을 내는데, 같은 양의 지방은 9kcal를 만들 수 있으니 순수 에너지만 따진다면 지방이 최고지요.

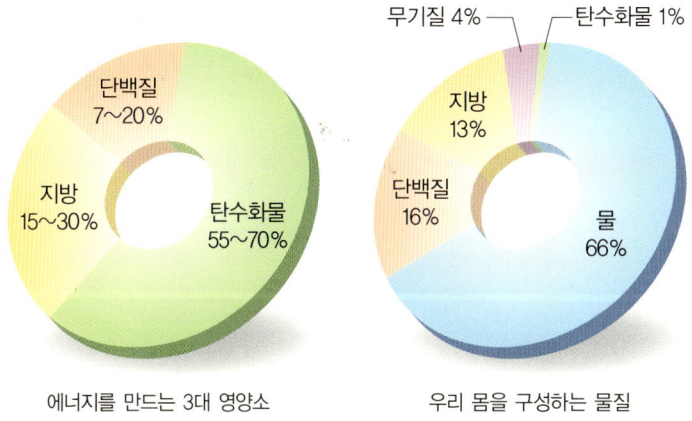

에너지를 만드는 3대 영양소   우리 몸을 구성하는 물질

에너지를 만드는 3대 영양소 가운데 탄수화물이 차지하는 비율은 70% 가까이 되지만, 실제로 우리 몸을 이루는 데 쓰이는 탄수화물은 1% 정도에 불과하다.

하지만 마라톤이나 암벽 등반, 사이클 같은 경기 중에 부족한 에너지를 보충하려 먹는 건 지방이 아니에요. 바나나 같은 과일과 꿀물이나 초콜릿 따위입니다. 같은 양을 먹어도 지방은 2배가 넘는 에너지를 얻을 수 있는데 좀 이상하지요. 영양소별로 체액에 에너지를 공급하는 빠르기가 다르기 때문입니다.

영양소들은 소화액의 도움으로 분해돼야 에너지원이 되거나 몸을 이루지요. 탄수화물은 당, 단백질은 아미노산,

우리가 일상식으로 먹는 쌀과 밀, 보리 따위는 대부분 탄수화물이다.
탄수화물은 소화 과정에서 당으로 분해되어 에너지를 만든다. (사진·위키피디아)

지방은 지방산 및 글리세롤로 분해돼 역할을 하며, 활동에 필요한 에너지도 제공합니다.

 탄수화물은 입에 들어가는 순간 침에 있는 소화액으로 바로 소화되기 시작하니 무엇보다 빠르지요. 반면에 지방은 분해되어 흡수되는 데 가장 오랜 시간이 필요합니다. 그러니 순간적인 에너지를 얻기 위해선 당연히 탄수화물, 그중에 단당에 가까운 것들이지요.

 주 영양소가 있으니 부 영양소도 있겠지요. 소금처럼 염류에 포함된 무기질, 비타민도 반드시 필요한 영양소입니다. 대사 작용과 항상성 유지에 없어서는 안 되는 부 영양소이지요. 영양소를 따지기 전에 물은 당연히 기본입니다.

단당, 이당, 다당

우리가 늘 먹는 일상식의 주역은 쌀과 밀가루입니다. 에너지 대부분을 제공하는 탄수화물의 공급을 책임지는 게 동양에서는 쌀, 서양에서는 밀가루였습니다. 우리가 섭취하는 영양소 중 가장 많은 부분을 차지하는 탄수화물이니, 주식인 쌀과 밀은 그만큼 중요합니다.

쌀과 밀, 보리 같은 열매뿐 아니라 과일, 고구마나 타피오카 같은 뿌리, 감자 같은 땅속줄기 등에서도 탄수화물을 얻어요. 생산자인 식물은 햇빛, 이산화탄소와 물을 이용해 광합성을 해서 만들어낸 녹말을 열매, 뿌리, 줄기에 저장합니다.

그런데 탄수화물의 보고인 쌀과 밀이 요즘은 공포의 음식이랍니다. 농경과 함께한 탄수화물이니 그 이유부터 살

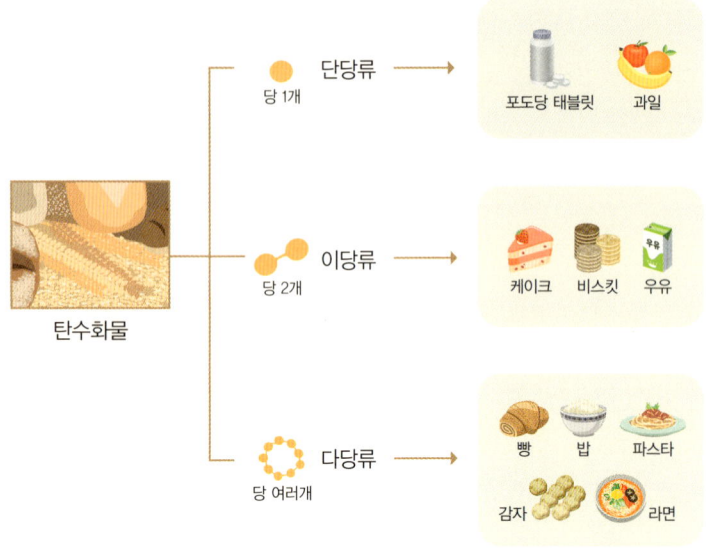

쌀과 밀 같은 탄수화물은 당으로 분해되어 우리 몸에 흡수된다. 당은 당이 몇 개 결합하느냐에 따라 단당류, 이당류, 다당류 등으로 구분된다.

펴야 하겠지요. 당연히 탄수화물이 인체 건강에 뭔가 해가 된다는 거네요.

맞아요. 이당류 설탕에서도 살핀 대로 탄수화물은 소화 과정에서 당으로 분해돼 흡수됩니다. 이게 문제의 실마리지요.

인류가 주식으로 택한 쌀과 밀, 보리, 감자 등을 이루는

탄수화물은 힘을 쓰거나 생각이 필요한 활동에 에너지를 공급한다.
(사진·위키피디아)

물질은 탄수화물입니다. 힘을 쓰거나 생각이 필요한 활동에 에너지를 공급하지요. 기본이 당이니 탄수화물을 단백질, 지질에 맞춰 당질이라 부르는 경우도 있습니다.

범위가 엄청 넓은 게 탄수화물입니다. 과학 놀이에서도 활용하는 가루 전분은 단맛은 느낄 수 없는 다당류예요. 이뿐 아니라 주변 음식물 속에 널려 있는 게 녹말, 탄수화물입니다. 탄수화물은 당을 기준으로 나눈다고 했지요.

탄수화물의 기본은 가장 달콤한 단당류입니다. 포도당

과 과일 속에 있는 과당으로, 물에 잘 녹아 더는 분해될 게 없으니 소화 기관에 들어가면 바로 흡수됩니다. 다른 탄수화물들도 포도당으로 분해돼야 흡수할 수 있어요. 꿀과 과일 속의 과당도 포도당처럼 바로 흡수됩니다.

다음은 설탕과 같은 이당류로, 두 개의 단당이 결합했으니 달콤함은 마찬가지지요. 설탕과 함께 물에 잘 녹는 엿당과 젖당도 포함됩니다. 이당보다 당을 몇 개 더 가지고 있는 것으로, 대체 감미료로 자리 잡아 요즘은 설탕보다 요리에 많이 사용되는 올리고당이 있습니다. 이건 다당 수준은 아니니 그저 소당류라고 해야 할까요?

마지막으로 짚을 건 바로 녹말 같은 다당류입니다. 소당이라 표현하는 올리고당은 당의 수를 10개까지로 제한하니, 다당류는 꽤 많은 단당류가 결합하겠지요. 우선 생각할 건 감자 가루처럼 물에 녹지 않는 녹말로, 전분이라고도 부릅니다. 물론 이게 다는 아니에요. 흔히 식이섬유로 부르는 섬유질도 여기에 포함되니 달콤함과는 거리가 있습니다.

탄수화물, 무엇이 문제일까

문제는 흰쌀, 하얀 밀가루

공포의 음식이라곤 했지만, 탄수화물은 맛이 아닌 영양소이니 더 벗어날 수 없겠지요. 장발장과 흥부를 떠올리며 짚어 봅시다. 맞아요, 장발장의 빵을 만든 하얀 밀가루와 흥부 뺨의 밥알은 흰쌀입니다. 모두 하얗다는 조건에 맞지요.

동양에서는 쌀, 서양에서는 밀가루가 일상식의 기본입니다. 주식이라 불리는 쌀과 밀이 음식 공포에 등장한 까닭은 뭘까요? 기름기 흐르는 입쌀밥, 포슬포슬 고소한 빵, 주식 중 그 이상은 없잖아요.

벼와 밀은 열매의 껍질을 벗겨내는 도정 과정을 거쳐야 먹을 수 있는 쌀과 밀가루가 만들어진다. 이 과정에서 중요한 영양소가 대부분 사라진다. (사진·위키피디아)

쌀과 밀가루의 공포도 설탕, 소금과 특별한 차이가 없으니 딴 거 없어요. 정제, 과식이 문젭니다. 근데 설탕은 사탕수수나 사탕무가 시작이고, 소금은 미네랄이니 이해할 수 있지만, 도대체 쌀이나 밀은 정제란 말이 어디서 걸릴지 궁금하네요.

벼에서 시작되는 쌀이 식탁에 오르려면 거칠 곳이 있지요. 정미가 돼야 쌀이 만들어져 먹을 수 있으니, 정제 대신 정미네요. 왕겨를 벗긴 현미를 찧거나 쓿어서 등겨를 벗기

벼의 열매 구조. 벼는 까칠한 겉껍질 왕겨와 부드러운 속껍질 쌀겨로 둘러싸여 있고, 그 속에 씨젖과 씨눈이 들어 있다.

고 희고 깨끗하게 만드는 도정이 정미소에서 벼를 쌀로 만드는 과정입니다.

　벼의 열매 구조부터 살펴볼까요. 벼는 왕겨라는 겉옷에 쌀겨 혹은 등겨라 부르는 속옷을 입습니다. 군밤을 떠올리면 돼요. 군밤을 먹으려면 딱딱한 겉껍질을 벗기고 누런 속껍질도 벗겨야 하잖아요. 벼도 까칠한 왕겨와 부드러운 속껍질인 쌀겨로 나눠집니다. 이걸 제거하는 과정이 도정입니다.

먹을 수 없는 겉껍질 왕겨만 먼저 벗겨내 처리한 게 현미입니다. 하얀 게 아니라 거무튀튀한 현미밥은 맛있어 보이지는 않지요. 누런 현미를 정미하려 속껍질 층인 쌀겨를 벗겨내는 게 문제의 시작입니다. 비타민에 무기질, 섬유질 등이 쌀겨와 함께 깎여 나가고, 씨눈까지 떨어져 결국 희디흰 씨젖 부분만 남아요. 기름기가 반짝이고 보기 좋은 하얀 쌀밥의 시작입니다. 드디어 공포의 음식에 끼어든 거지요.

쌀눈과 쌀겨에 들어 있던 필요한 영양소는 다 없어지고, 오직 열량만 높은 입쌀밥입니다. 혈당을 빠르게 올려 줄 단순당이니, 고픈 위를 채운 음식은 결국엔 체지방으로 쌓입니다. 그런데 영양소를 고루 갖춘 현미밥은 먹기 힘들고 소화 흡수에도 오랜 시간이 필요하다지요.

밀가루도 쌀과 마찬가지입니다. 하얀 밀가루를 얻기 위해 도정(정제)하면서 껍질 밀기울을 없앨 때 씨눈 부분이 함께 사라져요. 기울이란 건 '먹을 수 있는 밀·호밀 같은 여러 곡식의 낟알에서 떨어져 나온 바깥 보호층'입니다.

단백질 16%, 섬유질 11%에 탄수화물을 50% 정도 포함하고 있으니 꽤 우수한 식자재이지요.

문제는 보기 좋은 떡이 맛도 좋다는 생각입니다. 누런 거보다는 희디흰 밀가루, 먹을 때도 꺼끌꺼끌하지 않으니 기울을 없앤 걸 더 좋아하는 게 탈이지요.

배둘레햄?

먼저 살필 건 비만입니다. 살찌는 이유, 가장 큰 원인은 다른 무엇보다 많이 먹는 거지요. 먹은 만큼 에너지로 사용해야 하는데 몸속에 체지방으로 그냥 남게 되면 비만이 잖아요.

비만에 기여하는 정도가 가장 확실한 영양소를 예상해 보세요. 비만 하면 기름기이니 지방이 분명합니다. 열량이 탄수화물보다 2배가 넘으니까요. 같은 양을 먹었다면 탄수화물에 비교해 2배 이상 에너지로 써야 하니 비만 기여도가 상대적으로 높습니다.

하지만 열량이 상대적으로 적은 탄수화물도 비만 걱정

탄수화물을 너무 많이 먹으면 만들어진 당이 체지방으로 전환되어 배 둘레의 세포 속에 저장되면서 비만으로 이어진다. (사진·픽사베이)

없이 먹을 수 있는 건 아닙니다. 열량으로 다 쓰지 못하면 인체는 이걸 보관해요. 나중에 쓰려고 글리코겐으로 바꿔 간에 저장하는데, 보관할 공간이 별로 없습니다. 더는 저장할 수 없으면 체지방으로 바꿔 몸의 다른 공간을 찾아요. 가장 편한 부분이 바로 배와 허리의 피하지방, 장난스럽게 '배둘레햄'이라 부르는 부분입니다.

 같은 탄수화물도 종류에 따라 에너지 밀도의 차이가 있습니다. 과일의 과당은 많은 수분과 함께 섭취하니 같은 양의 감자튀김과 비교하면 탄수화물 양은 비교적 적겠지요. 같은 영양소도 음식 종류나 섭취 방법에 따라 양과 질의 차이가 있습니다.

꼭 필요한 탄수화물도 마찬가지니 판단이 필요합니다. 탄수화물 중독이란 말도 만들어졌으니까요. 단당은 수액 주사에 포함된 포도당처럼 들어오는 순간 바로 혈액에 포함됩니다. 순간적으로 혈당 지수가 높아져 정상 수준으로 만들기 위한 작업이 시작되지요. 췌장에서 분비되는 인슐린이 이걸 담당합니다.

더우면 땀을 흘려 체온을 유지하는 것처럼 항상성을 유지하려는 인체는 혈당의 급격한 변화를 가만 놔두지 못합니다. 혈당이 늘어나면 췌장은 인슐린을 분비해 탄수화물을 지방으로 전환하고 세포 속에 저장해 당 정도를 낮추지요. 인슐린 반응 속에 체지방으로 전환된 당이 배 둘레 세포 속에 저장됩니다. 탄수화물의 과한 섭취는 혈당 조절 과정 속에 비만으로 이어집니다.

탄수화물이 가져오는 병

탄수화물 중독

 탄수화물 중독이라니, 뭔가 좀 섬뜩하지요. 항상성을 유지하려 분비된 인슐린이 고혈당을 다시 평균 수준의 상태로 만들면 인체는 순간적인 무기력 상황을 겪습니다. 괜한 허기 때문에 다시 달콤함을 찾으니 혈당 수치가 낮아지는 순간에 익숙하게 되풀이된다는 게 문제지요. 체지방으로 전환돼 세포 속에 그대로 안착한 탄수화물이 비만입니다.
 그렇다고 쉽게 거부할 수 없는 게 탄수화물입니다. 혈당이 된 포도당은 인체 조직 세포에 꼭 필요한 에너지를 공급하는 수단이니까요. 뇌세포는 아예 완전 포도당 의존체

탄수화물 중독은 흰쌀, 하얀 밀가루처럼 도정 과정을 거친 식자재에 많이 들어 있는 단순당에서 시작된다. (사진·위키피디아)

라, 혈당이 떨어지면 가장 먼저 반응합니다. 예민해져 나타나는 짜증, 집중력이 갑자기 흐트러지는 경우를 집중 당 쇼크라고 하지요. 응급실에서 포도당을 먼저 주사해 뇌 기능부터 유지하도록 이끄는 이유입니다.

 탄수화물 중독은 단당, 이당 같은 단순당에서 시작되지요. 백설탕, 흰쌀에 하얀 밀가루처럼 도정 과정을 거친 식자재나 사탕과 케이크 같은 가공식품에 많이 들어 있는 게 단순당입니다. 손만 뻗으면 입으로 들어가는 청량음료,

사탕, 과자 등에서 찾는 게 이 달콤함입니다. 머릿속에 강하게 인식된 달콤함이 중독의 시작이라니 기본적인 해결책은 여기서 벗어나는 것이지요.

단순당! 일상 에너지의 70%까지 차지하는 당을 무시할 수는 없습니다. 섭취와 함께 바로 에너지원이 되는 단순당이 아니라, 충분한 소화 과정으로 에너지를 취하는 다당류를 찾아야 하지요. 그런데 다당류는 혀의 단맛 수용체가 쉽게 받아들일 수 없는 탄수화물입니다. 단당들이 모여서 달라붙어 있으니 복합당이라 구분합니다. 녹말, 글리코겐과 같이 흔히 섬유질이라 말하는 식이섬유 등이에요. 오직 열량뿐인 단당과 달리 미네랄에 비타민 같은 부 영양소와 함께하는 다당은 몸에서 받아들이는 정도가 다릅니다. 영양물질의 차이는 섭취 후 결과로 나타나지요.

식물은 엽록체에서 생산해낸 영양분을 다당류인 녹말로 저장합니다. 녹말 같은 다당류는 단당들이 서로 끈끈하게 연결되어 있으니 씹는 것이 소화 과정의 시작입니다.

천천히 흡수되니 혈당의 급격한 변화가 나타나지 않아

건강한 탄수화물인 오곡밥. 현미나 통밀가루, 오곡밥 같은 순수 곡물에는
탄수화물 외에도 각종 영양소와 식이섬유가 풍부하다. (사진·픽사베이)

요. 당연히 인슐린의 무리한 분비도 나타나지 않습니다. 비타민, 무기질뿐 아니라 식이섬유 함량도 높아 많은 양을 취하지 않아도 배부름을 느낄 수 있어 비만 위험도 줄어듭니다.

이게 건강한 탄수화물입니다. 생산자 식물이 만들어낸 자연 그대로인 최소의 정제입니다. 단순 도정으로 왕겨만 벗겨낸 현미, 겁 껍질인 누런 밀기울과 함께 갈아낸 통밀가루, 특별한 도정 과정이 없었던 순수 곡물입니다. 정월

대보름의 오곡밥을 떠올리면 순수 곡물을 쉽게 이해할 수 있지요. 단순 탄수화물만이 아닌 단백질, 무기질을 포함한 다른 영양소와 식이섬유가 풍부한 상태입니다. 입안에서 오래 씹는 음식인 잡곡들과 고구마, 채소, 과일 등에서 찾을 수 있습니다. 혈당 지수는 낮고 섬유질은 많은 탄수화물입니다.

글루텐 민감증

정제된 밀가루에서 하나 더 살필 건 그 속에 포함된 단백질입니다. 탄수화물이 70%인 밀가루에는 물에 녹지 않는 단백질 글루텐이 10% 정도 들어 있어요. 이 단백질이 그물처럼 막을 만들어 밀가루 덩어리를 에워싸며 반죽에서 만들어진 이산화탄소가 달아나는 걸 막아 폭신한 빵이 가능합니다. 쌀국수보다는 밀로 만든 국수가 더 탄력이 있지요. 국수나 빵의 쫄깃함과 탱글탱글함을 만드는 게 밀가루 속의 글루텐입니다.

문제는 글루텐을 소화 기관인 작은창자의 융모에서 흡

밀가루 속에는 글루텐이라는 단백질이 들어 있어 반죽을 탄력 있게 해준다. 서양 사람 가운데는 이 글루텐을 소화하지 못하는 글루텐 민감증을 가진 경우도 있다.
(사진·픽사베이)

수하지 못하는 경우예요. 미국을 중심으로 발생하는 글루텐 민감증입니다. 말은 민감증이지만 소화할 수 없어 흡수하지 못한다는 게 바른 표현입니다. 소화가 안 된 글루텐이 끈적끈적한 융털을 둘러싸면 다른 영양소도 흡수할 수 없습니다.

달라붙은 글루텐은 작은창자의 융모에 염증을 만듭니다. 영양소를 받아들이는 융모가 제 역할을 하지 못하니 심해지면 영양 결핍으로 생명에도 영향을 줄 수 있다지요. 밀가루가 주식인 서양에서 1% 정도의 적은 사람들에서 나타나는 셀리악병입니다. 유전적인 요인도 많이 작용해 쌀이 주식인 아시아권에서는 발병 사례는 없습니다.

우리는 글루텐 알레르기 체질이 아니라면 크게 걱정할 수준은 아니지요. 오히려 요즘엔 글루텐이 셀리악병의 원인은 아니라는 연구도 나오는 상황입니다. 글루텐보다는 탄수화물의 당이 더 분명한 문제지요.

문제는 GMO야!

글루텐 과민 반응을 증후군 수준으로 가볍게 이야기하는 경우도 많습니다. 그 중심이 미국이라 GMO를 원인으로 지적하기도 하지요. 밀가루가 주식이 된 건 꽤 오래전이지만, 글루텐 문제가 제기된 건 얼마 되지 않은 탓입니다. GMO로 인한 종의 변이에서 이 문제가 비롯됐다고 보는 겁니다.

하지만 종의 변이보다는 밀의 수확 방법을 원인으로 보

미국에 있는 드넓은 밀밭. 밀을 수확하기 직전에 뿌린 제초제 성분이 남아 글루텐 민감증의 원인이 된다는 지적도 있다. (사진·위키피디아)

는 의견이 더 많습니다. 밀 속에 남은 농약인 제초제 글리포세이트가 증후군의 원인이었지요. 수확을 앞둔 밀에 제초제를 뿌리는 게 미국에서는 매우 일반적인 상황입니다.

우리 상황에선 수확을 앞둔 밀에 제초제를 뿌린다는 건 상상도 안 되지만, 넓은 농토에서 이루어지는 기계 농업을 생각해 보세요. 엄청난 양의 밀이니 익는 시기가 다르면 수확에 어려움이 있습니다. 일시에 수확하려면 가능한 한 같은 상황을 만들어야 했습니다.

밀이 어느 정도 자라면 기본 성분이 글리포세이트인 제초제 라운드업을 뿌립니다. 식물의 물관을 막아 서서히 말라 죽게 하는 게 제초제니 이젠 넓은 농장의 많은 밀들이 같은 상태가 됩니다. 수확 시기를 나눌 필요가 없지요. 농부들에게 더 좋은 건 이렇게 하면 알곡이 고르게 익어 수확량도 증가한답니다. 결과를 안다면 당연히 이용할 수 밖에 없지요.

라운드업의 생산자인 몬산토는 낟알의 수분이 30% 정도 남았을 때에 살포하면 효과를 얻을 수 있다고 설명합니다. 그러니 알갱이에도 제초제가 들어가는 건 당연하지요. 알곡에 남은 잔류 농약입니다. GMO의 시작인 제초제가 문제네요.

그런데 지금은 미국만의 문제가 아니라는 주장입니다. 살포 결과를 아는 농부라면 누구든 적용하고 싶겠지요. 영국 빵에서도 글리포세이트 흔적이 나타나자, 유럽에서는 아예 수확 시기에 라운드업 뿌리는 것을 금지합니다. 인체에 끼치는 잔류 농약의 위험성 탓이지요.

환경 단체나 전문가들은 글리포세이트가 글루텐 민감증과 관계있다고 주장합니다. 유전적인 부분이 아니라 환경이 원인이라는 거지요. 그러니 지금 같이 제초제를 뿌리는 상황에서 수확되는 밀을 계속 섭취한다면 당연히 나타날 수 있는 문제란 겁니다.

에필로그

무엇을, 어떻게 먹어야 할까?

　빙하기를 겪으면서 생존한 현생 인류 크로마뇽인은 극한 상황에서도 수렵·채집을 이어 가고, 매머드 같은 먹거리를 좇아 움직이는 게 일상이었지요. 그러다 기후가 안정되니 인류는 오히려 정착 생활을 택합니다. 이때가 곡식 경작과 가축 사육이 시작되는 신석기 혁명입니다.

　이젠 노력하는 만큼 주변에 먹을 게 남아도니 문명과 문화의 욕구가 싹트지요. 전반적으로 안정한 상황이라 인류의 생물학적 진화가 더는 없을 거 같지만, 그렇게 쉽게 생각할 수 없는 게 바로 음식입니다. 동물은 대부분 육식 혹은 초식처럼 먹거리가 제한되는 편이지만, 인간은 어떤 상황에서든 먹을 걸 찾는 좀 특별한 개체이지요.

　적자생존의 유전자 진화는 계속되지요. 첫 음식이 엄마 젖인 포유류 인간은 젖당을 분해하는 게 우선입니다. 젖

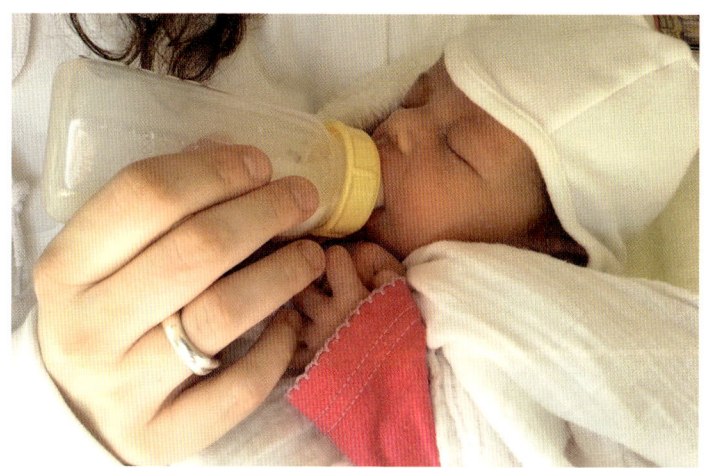

엄마 젖 속의 젖당을 분해하기 위해 만들어진 락타아제는 이유식을 먹기 시작하면서 사라진다. 하지만 락타아제가 이미 사라진 상태에서 사람들이 우유를 먹기 시작하면서 젖당을 분해하지 못하는 문제가 생겨났다. 〈사진·위키피디아〉

당을 분해하는 락타아제라는 효소를 만들지만, 엄마 젖을 먹는 시기가 지나면 락타아제가 더는 필요하지 않아요. 그런데 느닷없이 소젖이 위장에 들어오기 시작합니다. 이미 젖당을 분해할 락타아제가 없는 상태라 당연히 고통을 겪지요.

    이유식과 함께 사라진 락타아제가 다시 필요했지요. 이집트인들이 소를 기르면서 생긴 일입니다. 그리고 다시 락타아제에 대한 유전 고리가 만들어졌지요. 이런 순간적인 돌연변이가 새로운 환경에 적응할 수 있는 틀을 준비합니다.

식생활의 변화는 바로 눈에 띄지는 않지만, 유전자가 만드는 문화가 되지요. 이어지는 여러 차례의 산업혁명들과 먹거리의 관계를 살펴보면 식생활도 마찬가지예요. 영국에서 증기기관이 중심이 된 18세기의 1차 산업혁명, 20세기 직전 전기로 시작된 2차 산업혁명, 컴퓨터가 주요한 자리를 차지하는 20세기 후반의 3차 산업혁명, 그리고 인공지능이 바탕이 되는 4차 산업혁명입니다.

각 단계별로 식탁을 살펴봅시다. 정성 들여 키운 곡식에 고기도 가끔 등장하게 된 신석기 혁명의 결과로 늘어난 건 식구지요. 늘어난 식구는 바로 인구의 증가입니다. 필요한 먹거리도 많아졌지만, 인류의 손과 머리는 큰 위기 없이 잘 버팁니다. 하지만 신석기의 경작과 사육을 인류의 재앙이라 판단하는 사람들도 있으니 한 번쯤 살펴보지요.

증기기관으로 변화의 길을 찾은 1차 산업혁명, 기계의

인구 증가만큼 많아진 먹거리 문제들. 과학 기술의 발전은 이런 먹거리 문제를 대부분 해결했지만, 그만큼 새로운 문제 상황을 만들고 있기도 하다.
(사진·위키피디아)

영향은 먹거리에도 당연히 만들어져요. 정제를 통해 먹거리를 꾸밉니다. 하얀 설탕과 함께 '보기 좋은 떡'을 위해 도정으로 만든 밀가루와 흰쌀이 흰 가루의 공포를 가져옵니다.

과학 기술의 발전으로 전기 에너지가 준비된 건 19세기 말입니다. 마술과도 같은 화학 기술이 식탁 귀퉁이에 조미료를 올립니다. 설탕을 능가하는 단맛을 내는 사카린과 감칠맛을 내는 MSG도 만들어집니다. 자연스럽게 화학이란 말이 음식물에 등장하지요.

이젠 자본이 3차 산업혁명을 주목하지요. 유전 공학이라는 꿈의 학문은 식탁 위에 GMO를 올립니다. 또 다른 신세계를 찾는다는 가능성으로 건강에 관련된 불편을 막으며 다국적 자본은 지금도 그 역할을 수행하고 있습니다.

이 정도라면 인공지능이 중심축을 차지하는 21세기 4차 산업혁명 시기에는 별똥별처럼 쏟아지는 우주 식량을 기대할 수도 있을 듯하지요. 하지만 묘하게도 생각하며 준비하려는 식탁은 오히려 신석기 이전의 구석기시대의 일상식을 부르고 있답니다.

구석기 식탁으로 팔레오 다이어트

농경의 시작을 신석기 혁명이라 했습니다. 다른 무엇보다 안정적인 식량 확보가 가능해졌으니까요. 하지만 인류의 건강을 중심에 두고 생각하면 신석기의 농업혁명은 오히려 많은 문제를 만들었다고 주장하는 사람들도 있습니다. 인류의 정착 생활 이후 주식이 된 쌀과 밀이 건강에 문제가 되며 신체 발달에 장애를 주었다는 거지요.

마치 이러한 사실을 인정하기라도 하듯 등장한 게 '팔레오 다이어트'(Paleo Diet)입니다. 한국에서는 다이어트가 체중 감량의 과정으로 쓰이지만, 원뜻은 '일상식으로 늘 먹는 음식'입니다. 그러니 팔레오 다이어트는 구석기를 뜻하는 'Paleolithic'의 'Paleo'와 일상식 'Diet'의 합성어입니다. 구석기 원시인의 식사란 거지요. 느닷없지만 끼니를 때우는 수준의 구석기시대입니다. 끼니때에 맞춘 사냥의 결과가 일상생활이 될 수는 없으니 없을 땐 열매라도 취해 어떻게든 배고픔은 해결해야 했지요.

일상식의 건강 문제를 짚으며 구석기 밥상이 등장하다니, 먹는 양의 문제인가요? 건강을 살피는 과정이라니 그럴 가능성도 없지는 않겠지만, 문제의 본질은 주식의 차이입니다.

많은 자료로 예상해 본 구석기의 밥상은 밥 대신 고기가 주식이니 이때는 고기 밥상이었겠지요. 수렵을 통해 얻은 동물이나 물고기, 조개 같은 걸 어두컴컴한 동굴 같은 곳에서 불에 구워 먹거나 끓여 먹는 모습입니다. 사냥에 실패할 가능성에 대비해 함께 따오고 채취한 열매나 뿌리도 옆에 있을 겁니다. 끼니를 때우는 건 이게 다니 배고픔에 시달리는 경우가 잦았을 거라 생각되지요.

하지만 구석기인의 식생활을 연구하고 분석한 결과는 우리의 상상을 허물었지요. 신석기 농업혁명 이전 인류의 식생활인 팔레오 다이어트는 지방분이 적은 고기와 물고기, 조개류 등으로 준비됩니다. 거기에 단순 녹말이 중심인 쌀이나 밀가루가 아니라 섬유질이 많은 다당류와 열매, 잎과 뿌리를 함께 섭취했으니 최상의 식탁이 아닌가요? 앞서 우리가 걱정스럽게 살펴본 설탕, 소금도 특별히 준비되지 않았습니다.

연구자들은 구석기인들은 이런 일상식으로 오히려 지금보다 훨씬 균형 잡힌 식생활을 했다고 봅니다. 사냥으로 얻은 고기는 사육을 통해 준비된 것과는 분명한 차이가 있지요. 상대적으로 기름기가 적은 단단한 살코기에 가끔

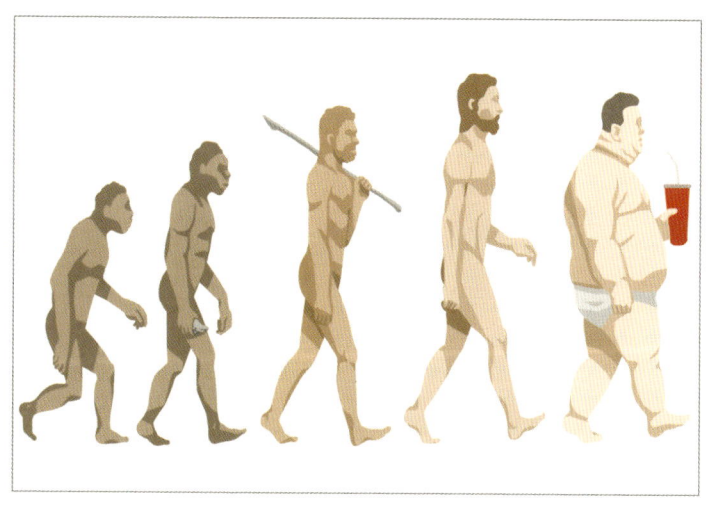

시간이 흐르면서 인류는 더욱 진화하고 발전했지만, 먹거리는 오히려 우리 몸에 안 좋은 쪽으로 퇴보했다고 생각하는 사람들이 많다. 팔레오 다이어트는 이를 바로잡기 위해 구석기시대 사람들의 식습관을 되살리는 프로그램이다.

은 불포화 지방도 적당히 포함된 연어와 송어도 있습니다. 당도 과일의 과당과 포도당에 꽃가루를 포함한 여러 물질이 혼합된 꿀을 통해 얻었습니다. 이게 구석기시대의 네안데르탈인과 크로마뇽인입니다.

지금은 상상조차 쉽지 않은 이런 원시인의 식탁을 4차 산업혁명이라는 인공지능(AI) 시대에 준비해야 한다는 거예요. 신석기의 곡식과 사육된 고기, 1차 산업혁명 이후 나온 하얀 밀가루와 쌀, 2차 산업혁명 이후 등장한 가공식품, 3차 산업혁명과 함께한 GMO, 이 모든 걸 무시하고 다시 크로마뇽인의 시절로 가자는 겁니다.

단지 미루어 짐작하는 팔레오 식탁의 영양소 비율은 고기가 중심이니 지금에 비해 탄수화물보다는 고단백에 중지방 수준입니다. 현재보다는 두 배 정도의 충분한 고기 섭취에 정제된 탄수화물은 없는 건강 식단입니다. 밥심으로 살아가고, 먹어 본 사람이 고기 맛도 안다는 한국인들은 받아들이기 쉽지는 않겠지요.

상황에 따른 차이는 있지만, 기초 대사 권장 열량은 탄수화물 45%, 단백질 30%, 지방 25% 수준입니다. 추정하여 분석해 보면 이 수치에 접근하는 게 구석기 식단입니다. 물론 늘 같을 수는 없지만, 대개 기름기가 적은 고기와 식이섬유가 풍부한 식물을 섭취한 걸로 추정하지요.

팔레오 다이어트에 대한 관심은 석기시대의 유골까지 비교하는 수준입니다. 결과를 보면 농경과 사육이 시작된 신석기인들의 키가 구석기인들에 비해 오히려 작았다지요.

탄수화물은 줄이고 대신 고단백질에 중지방, 식이섬유가 풍부한 채소 중심으로 마련한 팔레오 다이어트 식단. (사진·위키피디아)

 분명한 기록은 없지만 젖먹이 사망률도 높았고, 정착한 탓에 늘어난 숙주에 따른 감염도 한몫했겠지만, 어찌 됐든 건강은 구석기인의 우위가 분명하답니다. 특별한 건 이빨까지 안 좋은 변화가 나타났다지요. 그래서 건강 측면에서 살피면 신석기의 농경과 사육은 혁명이 아니라 재앙이라고 주장하는 학자도 있습니다.

 아, 하나 더 알아야 할 건 크로마뇽인의 돌판 식탁에도 불로 익힌 고기가 올라갔다는 거예요. 구석기 원시인 식탁이라고 핏물이 흐르는 생고기를 떠올릴 필요는 없습니다. 호모 사피엔스 이전인 호모 에렉투스, 베이징 원인도 불에 구워 먹거나 끓여 먹은 흔적이 남아 있지요.

먹는 게 곧 그 사람?

서양 속담에 '먹는 게 곧 그 사람을 나타낸다(We are what we eat)'는 말이 있어요. 인간의 기본은 먹는 것에 따라 결정된다는 겁니다. 그만큼 모든 것에 앞서는 게 음식입니다.

따지고 보면 모든 인류가 아프리카 이브의 후예이니, 사실상 먹거리에 대한 유전자는 수렵 채취 과정에서 시작되었겠지요. 오늘날 동서양의 구분에 앞서 첫 먹거리는 다 같았다는 얘기입니다. 바로 팔레오 다이어트이지요. 꾸준히 구석기 식탁을 제시하는 이유가 여기에 있는 거 아닐까요? 소금, 설탕은 아직 준비된 상황이 아니고, 술은 훨씬 뒤에 등장합니다. 오늘날 식탁을 주도하는 물질들이 당시에는 없었지요.

200만 년 전의 호모 에렉투스에서 신석기 혁명의 경작 이전까지 계속된 식생활 관련 유전자는 어디나 다를 게 없었다는 겁니다. 밀림의 나무 위에서 땅으로 내려오며 접하게 된 고기, 불을 이용해 음식을 익혀 먹은 화식처럼 인류의 진화 과정에 돌연변이가 필요한 경우에 맞춰 환경에 적응하는 모습을 갖춘 거지요.

지역을 구분할 때 확인할 수 있는 건 문화와 환경의 차이에 따른 먹거리의 변화입니다. 그 변화엔 유전자도 함께했으니 앞으로 준비될 돌연변이에 따른 차이를 예상할 수 있겠지요. 이렇게 음식에 관계되는 인류의 진화는 늘 계속될 수밖에 없습니다.

왜 천천히 읽기를 해야 하는가?

'천천히 읽는 책'은 그동안 역사, 과학, 문학, 교육, 지리, 예술, 인물, 여행을 비롯해 다양한 주제와 소재를 다양한 방식으로 펴냈습니다. 왜 천천히 읽자고 하는지 궁금해하는 독자들이 있어서 몇 가지를 밝혀 둡니다.

- '천천히 읽는 책'은 말 그대로 독서 운동에서 '천천히 읽기'를 살리자는 마음을 담았습니다. 천천히 읽기는 '천천히 넓고 깊게 생각하면서 길게 읽자'는 독서 운동입니다.

- 독서 초기에는 쉽고 가벼운 책을 재미있게 읽을 수 있는 방법으로 시작해야겠지요. 그러나 독서에 계속 취미를 붙이기 위해서는 그 단계를 넘어서 책을 깊이 있게 긴 숨으로 읽는 즐거움을 느낄 수 있어야 합니다. 그래야 문해력이 발달합니다.

- 문해력이 발달하는 인지 발달 단계는 대체로 10세에서 15세 사이에 시작합니다. 음식을 천천히 씹으면서 맛을 음미하듯이 조금 어려운 책을 천천히 되씹어 읽으면서 지식을 넘어 새로운 지혜를 깨달을 수 있습니다.

- 독서 방법에는 다독, 정독, 심독이 있습니다. 천천히 읽기는 정독과 심독에서 꼭 필요한 독서 방법입니다. 빨리 많이 읽기는 지식을 엉성하게 쌓아 두기에 그칩니다. 지식을 내 것으로 소화하기 위해서는 정독이 필요하고, 지식을 넘어 지혜로 만들기 위해서는 심독이 필요합니다.

- 어린이들한테는 쉽고 가볍고 알록달록한 책만 주어야 한다고 생각하는 어른들이 있습니다. 그러나 독서력이 높은 아이들은 어렵고 딱딱한 책도 독서력이 낮은 어른들보다 잘 읽습니다. 그런 기쁨을 충족하지 못할 때 반대로 문해력도 발달하지 못하면서 책과 멀어지게 됩니다.

'천천히 읽는 책'은 독서력을 어느 정도 갖춘 10세 이상 어린이부터 청소년과 어른까지 읽는 책들입니다. 어린이, 청소년과 어른들(교사와 학부모)이 함께 천천히 읽으면서 이야기를 나눌 수 있는 읽기 자료가 되기를 바라는 마음에서 만들고 있습니다.